행복의 속도

민병일

서울 경복궁 옆 체부동에서 태어나 서촌에서 자랐다. 남독일의 로렌부르크 괴테 인스티투트에서 공부하고 북독일의 함부르크 국립조형예술대학 시각예술학과를 졸업했으며 동 대학원 같은 학과에서 학위를 받았다. 홍익대학교 미술대학, 교양학부, 대학원에서 겸임교수로 대중예술론과 미디어아트론 등을 강의했고, 동덕여자대학교 미술대학, 대학원에서 겸임교수로 현대미술 등을 강의했으며, 조선대학교 문예창작과에서는 문학예술을 강의했다.

시인으로 등단해 두 권의 시집과 세 권의 산문집, 한 권의 사진집과 한 권의 번역서를 펴냈다. 소설가 박완서와 티베트 여행기 『모독』(박완서 글. 민병일 사진)을 내기도 했다. 생텍쥐페리의 '어린 왕자'를 좋아하는 사람이라면 즐겁게 볼 수 있는 책 '모든 세대를 위한 메르헨' 『바오밥나무와 방랑자』는 최근에 나온 작가의 대표작이다.

독일 노르트 아르트 국제예술제에서 사진이 당선됐고, 독일과 서울 문신미술관, 일본 홋카이도 삿포로 시에서 초청사진전을 열었다. 프랑크푸르트 도서전 주빈국 조직위에서 '한국의 아름다운 책100' 선정위원장 일을 했다.

제7회 전숙희 문학상(2017)을 수상했고, 조선 시대 실학자 성호 이익 선생을 기리는 성호문학상 대상(2021)을 수상했다.

행복의 속도

초 판 1쇄 인쇄 2021년 12월 15일
초 판 1쇄 발행 2021년 12월 24일

지은이 민병일   펴낸이 정중모
편집인 민병일   펴낸곳 **문학판**
기획 · 편집 · Art Director | Min, Byoung-il
　　　　　　 Art Director | Lee, Myung-ok

등록 1980년 5월 19일 (제406-2000-000204호)
주소 경기도 파주시 회동길 152
전화 031-955-0700 | 팩스 031-955-0661~2
홈페이지 www.yolimwon.com | 이메일 editor@yolimwon.com

ⓒ **문학판** logotype 민병일, 2020
Printed in Seoul, Korea

ISBN 979-11-7040-066-0 03810

이 책의 판권과 사진 저작권은 지은이와 문학판에 있습니다.

이 책은 저작권법에 의하여 한국 내에서의 보호를 받는 저작물이므로 무단 전재와
복제를 금합니다. 이 책 내용의 전부 혹은 일부를 이용하려면 반드시 지은이와 문학판
양측의 서면 동의를 받아야만 합니다.

책값은 뒤표지에 있습니다.

문학판 은 열림원의 문학·인문·예술 책을 전문으로 출판하는 브랜드입니다.

　　　문학판 의 심벌인 '책예술의 집'은 책의 내면과 외면이 아름다운 책들이 무진장 숨겨진

정신의 보물창고를 상징합니다.

이 책은 　광주광역시　 광주문화재단의 청년예술인창작지원사업으로
지원받아 발간되었습니다.

행복의 속도

문학판

작가의 말

행복의 속도, 혹은
아름다움의 징조

  행복의 속도에는 속도가 없다.

  행복은 속도에 의지하지 않고 시간에 지배받지도 않는다. 행복은 들녘을 산책하는 바람처럼 나뭇잎을 톡톡 건들기도 하고, 허공을 딛고 오르는 새의 날개를 받쳐주기도 하고, 비스듬히 선 꽃대가 꽃을 피울 수 있도록 비스듬한 바람벽이 되어주기도 하는 사소한 움직임. 행복은 거대 담론이 아니다. 행복은 보고 싶지만 내 곁에 부재하는 이처럼 유예된 시간처럼 우리를 유혹한다. 행복을 찾고 싶어서 무지개 너머까지 갔더니 그곳은 동화 속의 상상이 펼쳐지고 요정이 꿈을 이루어주는 신비한 세계, 행복은 아름다운 가상이란 걸 알았다. 나는 누구에게 행복을 약속하지 않기로 했다. 행복을 약속하는 말이 많을수록 그것은 지킬 수 없는 약속일 뿐, 행복이라는 언어에는 일정량의 실망과 햇빛 한 줌의 반짝임과 공기처럼 가벼운 기다림, 그리고 자기파괴라는 질량 불변의 법칙이 존재한다는 걸 알았으니까.

행복은 사람과 사람 사이를 떠도는 근사한 섬이다. 외따로 떨어져 있기에 근사해 보이지만 가까이 다가서면 판타지라는 걸 보여주는 근사한 섬으로서의 행복. 나는 그 섬에서 27억 5천만 년의 고독을 살았다. 우리 은하 바깥 외딴 별에서 행복을 찾아 불, 물, 공기, 흙이 있는 여기까지 왔으나 아직 만날 수 없는 행복……

오랜 세월 고독한 섬에 살면서 '영혼도 스스로 아름답지 않으면 아름다운 것을 볼 수 없다'는 플로티노스(205-279) 말처럼, 스스로 행복하지 않으면 행복을 볼 수 없다고 믿게 됐다. 행복은 설명하고 이해하고 찾아가는 게 아니라 그냥 축제처럼 사는 것이란 걸 알았다. 아름다운 것은 개념 없이도 만족감을 주듯 행복 역시 어떤 목적을 추구하지 않아도 존재만으로도 행복해진다는 걸 알기까지 우리는 얼마나 오랜 세월을 견뎌야 할까.

행복해지고 싶을 때면 나는 숲으로 간다. 지난 십여 년 동안 숲길을 산책하며 마주친 나무들을 바라볼 때마다 나무 안에는 행복한 시계가 있다는 걸 알았다. 나무는 자라면서 속도를 의식하지 않고 아름드리가 되며, 꽃을 움트게 하려고 시간을 앞서가지 않는다. 나무가 거미줄 같은 가지마다 초록 잎을 틔울 수 있는 것은 내면에서 빛을 낼 수 있는 정신이 있기 때문이다. '존재자의 자기표현Selbstdarstellung des Seidenden'이라는 아름다운 정신을 품은 나무들 세계에서는 행복이라는 말이 없다. 존재가 행복인데 행복을 찾는 일이 얼마나 부질없는지를 나무들은 잘 알고 있으니까……

그럼에도 불구하고 나는 너무 오랫동안 행복이라는 언어를 잊고 살았다. 행복을 찾아가기로 했다. 내가 찾으려는 행복은 소소한 일상을 축제로 만들고 나무들처럼 정신을 아름답게 만드는 행복이다. 추를 지니고 살아갈 수밖에 없는 '나'이지만 미의 화신 같은 로댕의 대리석 조각품보다 인간인 내가 더 아름다운 이유는 깨어있는 정신을 갖고 있기 때문이다. 나무들처럼 내 안에도 행복한 시계가 존재하고 있을 것이다. 햇빛을 기다리고 별을 바라보며 꿈을 꿀 수 있고 사슴벌레를 찾아가는 행복의 속도, 연보랏빛 무꽃과 화관을 쓴 당근꽃과 순정한 찔레꽃이 야생성을 잃지 않는 행복의 속도, 달님처럼 자기만의 속도로 세상을 비추고 뜸부기처럼 장거리를 날아갈 수 있는 행복의 속도, 허물을 가르고 첫 날개를 펼칠 때까지 칠 년을 땅속에 사는 매미처럼 인내하는 행복의 속도, 나는 그런 야생의 속도로 행복을 찾기로 했다. 오늘은 노천 카페테라스에서 커피를 마시며 거리를 오가는 사람들이 지닌 행복의 속도를 생각하며 해 지는 광경을 바라볼 것이다. 조금은 외롭고 쓸쓸하고 고독할지라도 낙타를 타고 사막을 건너가는 캐러밴처럼 별을 보고 길을 찾는 기적의 속도에서 행복을 찾을 것이다.

2021년 겨울

남녘 숲마을에서

*'행복의 속도'는 일본의 자연 다큐멘터리 〈행복의 속도〉에서 제목을 가져왔다.

차례

작가의 말 6

1장

겐제마르크트 버스 정류장에서 본 아름다운 기다림 17

시작은 언제나 위대한 시작을 불러온다 20

인생은 레드 와인의 트록켄trocken한 맛과 같다 25

그냥 연습했어요! 28

향기와 빛깔의 마술사 모과, 모과야! 미안하다 31

이누이트인의 언어에 없다는 말 훌륭하다 34

그래도 아름답게 살아야지! 37

스무 해 동안 구멍가게를 그린 화가 40

티베트 고원에서 야크 치는 소녀의 에메랄드빛 눈 46

프라하 가는 기차에서 만난 프라하 음대 여학생에게 지키지 못한 약속 52

2장

제인 구달의 행복 법 63

커피는 아름다운 질병이다 67

어느 재수 좋은 날에 산 봄 꿈 70

독일의 벼룩시장에서 산 오래된 연필 모으기 74

권태를 권태로 밀고 나가기 79

당근꽃에 대한 예의 82

상처를 바느질하여 지은 삶이 아름답다 85

한여름 밤의 꿈, 함부르크 푸른 공기 극장 90

에스키모인의 마음에 생긴 하얀 섬을 생각했다 95

달빛 내리는 로렌부르크 중세 성곽에서 〈릴리 마를렌〉을 불러주던 파란 눈의 이졸데 선생님 98

3장

김금화 만신의 귀인 예언과
함부르크 야노쉬 선생님의 감자 깎기 109

날아라 매미! 115

눈보라 빛 무꽃을 아세요? 119

조르바 춤Zorba's Dance을 추는 시간 122

우리에게도 좋은 날이 오겠지 126

봄비 내린 뒤 햇빛 머금은 숲길의 탄력 130

붉은 소파를 등에 지고 세상을 떠도는 사진사 134

알퐁스 도데의 별을 보던 지리산자락 토담집 창 138

누구에게 내 슬픔을 이야기하랴? 142

커피포트와 푸른 눈의 미륵 146

4장

함부르크의 브람스 캘러가 생각나는,
가을에 듣는 브람스의 느림 153

밤이면 달빛 타고 여행을 떠나는 사물들의 꿈 158

능과 능 사이의 낯선 길 162

소설가 박완서 선생님과 함께 한 여행;
다산초당에서 백련사까지 그리고 강진 낡은 집
마당에 핀 수선화와 지는 동백 168

소설가 박완서 선생님과 함께 한 여행;
순천의 자운영꽃 핀 들녘과
와온 바다에서 별빛 밟기 174

소설가 박완서 선생님과 함께 한 여행;
구례 섬진강에서 느린 시간이 끄는 줄배 타기 179

사슴벌레에 관한 명상 183

아름다운 균열을 일으키는 것들 188

실패와 무명 실타래에는 그리운 이가 살고 있다 192

언덕 위의 메타세쿼이아 나무처럼 195

5장

다가서지 않으면 보이지 않는 것 201

화포에 가면 잃어버린 시간들은 꿈이 되어준다 203

별에 다니러 간 할미꽃 209

도스토옙스키의 『백치』와 함부르크에서 만난
로스트로포비치 213

뜸북뜸북 뜸부기의 고독한 비행 217

행복한 피아니스트 카티아 부니아티쉬빌리와 엄마 220

우연한 보이차 여행 223

로텐부르크의 건달 하숙생과 독일 화가 아저씨 227

덕수궁에서 어린 딸을 무동 태운 서른 즈음 아빠 사진과
서른 즈음 딸과 다시 찾은 덕수궁에서 찍은 아빠 사진과 235

찔레꽃 랩소디 241

1장

겐제마르크트 버스 정류장에서 본
아름다운 기다림

함부르크 시내 번화가 겐제마르크트Gänsemarkt는 명품 옷 상점들이 즐비한 쇼핑 동네지만 예전에는 거위를 사고팔던 장터였다. 음악의 아버지로 유명한 바흐Bach란 단어가 '실개천이나 졸졸 흐르는 시냇물'를 의미하고, 슈나이더Schneider란 말이 '자르는 사람'을 뜻하기에 이름에 이 말이 들어간 사람의 집안 내력을 보면 재단사가 있다고도 하듯, 겐제Gänse는 '거위', 마르크트markt는 '장터·광장'이란 뜻이니 겐제마르크트는 말 그대로 거위 장터인 셈이다.

함부르크 대학 앞 하이네 서점으로 가는 버스가 겐제마르크트에 정차했을 때 운전기사의 안내 방송이 나왔다. 한 할머니가 아픈 것 같으니 버스에 탄 사람들에게 잠시 내리라고 했다. 사람들은 누구도 불평 한마디 없이 차에서 내렸다.

몇몇 사람은 아무 일 없다는 듯 책을 꺼내 본다든지, 일행과 웃으며 이야기를 한다든지, 아이에게 이 상황을 설명해주는 엄마도 있고, 신문을 보는 할아버지, 우두커니 선 채로 기다리는 사람들도 있었다. 나는 어리둥절한 마음에 '할머니가 아픈데 할머니가 버스에서 내려 병원에 가든지, 할머니가 버스에서 내려 앰뷸런스를 기다려야지, 왜 많은 사람한테 버스에서 내리라고 할까.' 생각했다.

그때 어디선가 앰뷸런스 한 대가 쏜살같이 달려왔다. 할머니는 텅 빈 버스 의자에 홀로 앉아 기사와 이야기를 나누며 구급대원이 이마에 약을 바르고 일회용 밴드를 붙이자 고맙다고 말했다. 나중에 알았지만, 할머니는 버스 창문에 이마를 살짝 부딪친 것이다. 간단한 응급조치가 끝나고 할머니의 상태가 이상 없음을 확인하자 차에서 내렸던 사람들은 다시 버스에 타라는 운전기사의 안내 방송이 나왔다. 사람들은 다시 차례차례 버스에 올랐다. 모두 아무 일 없었다는 표정이었고 이내 버스는 출발했다. 달리는 버스에서 곰곰이 생각해봤지만, 사람들이 모두 버스에서 내리고, 앰뷸런스가 오고, 할머니가 치료를 받고, 다시 사람들이 버스에 타고…… 절대 짧지 않은 시간이었지만 누구도 불평 한마디 없이 타인을 배려할 줄 아는 기다림에 나는 적지 않게 놀랐다.

차창 밖을 보니 버스 정류장에는 사람들이 남기고 떠난 '아름다운 기다림'만이 햇빛에 반짝였다. 버스에는 바쁜 일이 있는 회사원, 강의 들으러 가는 대학생, 병원을 가는 사람, 약속 시간에 늦은 사람도 있었겠지만, 이름 모를 할머니의 상처 치료를 위해 모두 버스에서 내려 남을 배려하는 데 인색하지 않았다.

　나는 어느 시인의 시구를 떠올리며 달리는 버스가 금방이라도 날아오를 것 같았다. 왠지 이 버스 안에는 장미와 튤립을 든 남자들과 팬지꽃과 수선화를 든 여자들이 가득한 것 같았다. 이들이 만든 따뜻한 공기의 부력이 차를 떠오르게 할 것 같았다. 내게 '아름다운 기다림'의 자세를 알게 해준 버스가 이상한 나라로 데려갈 것만 같았다. 그 옛날 거위를 사고팔던 장터 겐제마르크트에서 거위 치기 소년과 함께 사라진 거위들이 살고 있을 동화 속 나라로!

시작은 언제나
위대한 시작을 불러온다

89세에 독주 음반을 내고 91세에 베를린 필과 협연했으며,
95세에는 세계 최고의 음반사 DG와 계약한
어느 위대한 피아니스트의 시작

보자르 트리오Beaux Arts Trio의 실내악 음반들은 명반에 속하지 않은 게 없다고 할 정도로 클래식 음악 애호가들에게 인기가 높다. 프랑스어 '보자르beaux arts'는 아름다움을 추구하는 순수예술을 의미한다. 그래서인지 '보자르 3중주단'의 음악을 들을 때면 순수하고 서정적인 아름다운 선율과 하모니에 삶을 위안을 받곤 했다.

피아니스트 메나헴 프레슬러는 보자르 트리오를 50여 년 동안 이끌었지만, 일반적인 상식을 따르지 않고 자기만의 방법으로 새로운 삶을 시작한 사람이다. 85세가 되자 보자르 트리오를 해체한 그는 현역에서 은퇴를 하거나 노년의 삶을 즐기는 방식을 선택하지 않았다. 평생을 연주자로 살며 수많은 공연을 위한 세계 각국으로의 연주 여행, 음반 녹

음, 마스터 클래스 등으로 분주한 삶을 살았기에 많은 이들은 그가 평범한 행복을 누릴 것이라 여겼다. 하지만 모든 사람의 예상을 깨고 피아니스트로 콘서트 활동에 나섰다.

89세의 그는 음악계를 깜짝 놀라게 한다. 덜컥, 독주 음반을 낸 것이다. 경탄스러운 사건이었다. 질풍노도 같은 음악적 질주는 거기서 그치지 않고 2014년 1월 베를린 필과 역사적인 협연을 하기에 이르니 그의 나이 91세 때다. 경이로운 일이다. 베를린 필과의 협연은 모든 음악가의 꿈이다. 꼭 음악가가 아니더라도 베를린 필은 그 이름만으로도 한 번쯤 가보고 싶은 곳이다. (남독일의 로텐부르크 괴테 인스티투트에서 공부하던 시절 두 명의 친구가 있었다. 미노루라는 일본 학생은 오보에 연주를 잘 했는데 자그마한 키에 만화 속 주인공처럼 순하고 착한 품성을 지녔었다. 영어를 미국인보다 잘했던 키티라는 중국 여학생과는 한 하숙집에서 지냈는데 셋은 의기투합하여 베를린 필을 구경하기로 한 적이 있었다. 우리는 주말을 이용하여 뷔르츠부르크에서 고속열차인 이체에ICE를 타고 베를린으로 여행을 갔다. 마침내 찾아간 베를린 필은 황금색으로 빛나는 찬란한 음악의 요새였다. 음악의 신들만 드나드는 베를린 필 앞에서 세 명의 청춘들은 얼마나 열광했었는지……베를린 필은 우리들에게도 음악의 신전처럼 보였다.)

  89세와 91세는 무엇을 열정적으로 할 수 있는 나이가 아닐 것이다.

  더구나 50여 년이란 세월 동안 트리오 연주자로 살며 실내악 분야에서 타의 추종을 불허할 만큼 명성을 얻고 거장의 반열에 들었다면, 아쉬울 것 없이 만년을 즐기는 것이 나이에 어울리는 삶의 방식일 것이다. 그러나 나이에 맞는 삶의 틀, 고정방식이란 존재하지도 않고 고루한 사람들의 하품 같은 것이다. 피아니스트 메나헴 프레슬러는 영원히 식지 않을 젊은 열정을 품은 사람이다. 피아노 연주란 영혼이 음악과 교감할 수 있는 미에 대한 감응력과 연주를 완주할 수 있는 체력과 정신력이 뒷받침되어야 하는데, 80대 중후반에서 90대에 이르는 나이에 과연 왕성한 연주 활동이 가능한지 인간의 능력이란 신기하다. 어쨌든 그 존재만으로도 음악의 전당이라 할 수 있는 베를린 필은 70여 년 동안 연주자로 활동하고 있는 91세의 피아니스트와의 각별한 협연을 위하여 "전설의 데뷔Debut of a Legend"란 타이틀을 걸고 헌정 연주를 했다.

삶에 대해 다시 숙고해 보는 밤이다. 무엇을 다시 시작하는 사람 내면에는 영원히 식지 않는 마그마 방이 끓고 있다. 나이에 상관없이 언제든 열정이라는 화산을 폭발 시켜 삶의 에너지로 쓸 수 있는 사람은 행복하다. 살아서 무엇인가 이루었다고 그 알량한 유명세만 까먹고 사는 사람들보다, 85세에 50여 년 동안 한 일을 접고 새로운 일을 시작할 수 있는 용기와 89세와 91세에 끝없는 성취를 만들어 갈 수 있는 사람은 얼마나 아름다운가. 실내에 람페(Rampe.燈)를 켜면 은은한 주황색 불빛이 마음에 스며들어 내면의 나에게 말을 걸어온다. 이즈음 실내악으로 유명한 보자르 트리오의 음반을 틀면 삶은 그렇게 슬픈 것도 아니고 행복은 그렇게 먼 데 있는 무지개가 아니라는 걸 느낄 수 있다. 음악이 삶을 위로한다. 우리나라의 위대한 바이올리니스트인 김영욱도 1992년부터 4년여 보자르 트리오의 멤버로 활동한 적이 있다. 그래서인지 그들의 삼중주 선율을 들으면 조금 더 따뜻한 피(?)가 감도는 것인지.

  나라면 85세에 새 일을 시작할 용기가 있을까? 그리고 89세에, 91세에 또 그렇게 엄청난 일을 저지를 능력을 지닌 채 살 수 있을까? 신께서 천수를 주셔야 가능하겠지만 그것이 천수만 얻었다고 이룰 수 있겠는가. 그러나 한 가지 분명한 것은 삶에는 신비한 열정 주머니가 있어서 나이에 상관없이 무엇인가를 하고자 할 때 아름다운 힘을 준다는 것이다. 본질은 '나는 실천한다. 그러므로 존재한다.'이다. 피아니스트 메나헴 프레슬러는 95세인 2018년 세계 최고의 음반 레이블인 DG와 계약을 하며 음반을 냈다. 노 예술가를 보면 신께서도 참 불공평한 일을 한다고 불평해 본다.

인생은 레드 와인의
트록켄trocken 한 맛과 같다

생의 한가운데 마시는 '트록켄trocken' 한 적포도주 맛의 행복

    생은 탄닌감 짙은 레드 와인 맛과 같을 때 조금 더 아름다울 수 있다.

    첫맛은 떫으면서 은은하게 번지는 미향은 맑고 아담한, 즉 담아淡雅한 맛에서 우러나는 깊이가 바로 가장 미학적인 포도주 맛이라고 생각했다. 독일어 '트록켄trocken' 이라는 형용사는 '마른, 건조한, 메마른'이란 의미지만, 독일인들이 포도주 맛을 선택할 때 쓰는 '트록켄'은 단순히 '마른' '건조한'의 뉘앙스가 아닌, 떫은 미감을 의미한다. '그 포도주는 약간 떫다'를 독일어로 옮기면 '데어 바인 이스트 할브 트론켄der Wein ist halb trocken'이 되는데, 여기서 '트록켄trocken'은 '떫다'로 옮겨진다. 이탈리아어 '드리dry'도 '쏩쓸한'을 말하며 포도주 등의 '쏩쓸한' 것을 말할 때 쓴다고 한다. 영어에서도 '드라이dry'

라고 하면 '마른, 건조한'을 의미하지만, 포도주 맛을 의미할 때" '담백한, 쌉쌀한'을 뜻한다. 'a dry wine'이 '쌉쌀한 포도주'가 되는 것처럼, 영어식 표현의 포도주 맛이 sweet, medium dry, dry의 차례로 옮겨갈 때마다 단맛이 약해져 쌉쌀함을 나타내는 것도 그런 뜻이지 않을까 여겨진다.

함부르크 시내 번화가에 있는 백화점 칼슈타트Karstadt 와인 저장고에는 독일 전역에서 모인 포도주가 엄청나게 쟁여져 있었다. 백포도주, 적포도주, 아이스바인 할 것 없이 산지별로 진열된 것들을 보며 와인 전문가에게 좋은 포도주를 고르는 법을 물어본 적이 있다. 한마디로 정리하면 병에 새겨진 독일어 'trocken'은 떫은 미감의 좋은 포도주라는 것이다. 와인의 묘미는 탄닌감 품은 텁텁한 맛이 입안에서 서서히 미향의 농도를 짙게 하다 순간 증발해버리듯 영롱하게 스미는 데 있지 않을까. 위스키나 코냑, 소주나 막걸리, 맥주가 생을 위로하는 술이라면 와인은 인생을 사유하게 하고 내면을 들여다보게 하는 성찰의 술이다. 다른 술들은 술잔을 가득 채워야 술맛이 난다고 하지만 투명한 유리잔에 담긴 붉은 포도주보다 여백을 더 많이 남겨야 술맛이 드는 와인은 확실히 삶을 미적으로 되돌아보게 하는 아름다운 여유가 있다.

　사람들이 품고 사는 외로움과 고독, 쓸쓸함 같은 것들은 제한용량 없이 내면으로 쳐들어와 점령군 행세를 한다. 저항해도 소용없고 나가라고 애원해도 말을 듣지 않는다. 마음을 봉숭아물처럼 붉게 물들여 기억마저 멈추게 하고 시간을 표백시켜 시간의 띠에 서리를 내리게 해야 아물어지는 낙인. 혼자 사는 사람들은 언제 또 쳐들어올지 모르는 이런 정서들과 친해져야 하지만 죽을 때까지 잘 친해지지 않는 게 또 이런 정서이고 보면 이럴 땐 적포도주 한 잔으로 마음을 달래기 십상이다. 그럴 때면 집안에 램프 불만 여러 겹으로 켜놓은 채 '트록켄trocken'한 레드 와인을 마시며 나를 찾아온 외로움과 고독, 쓸쓸한 것들의 이름을 호명하며 투명한 유리잔에 술 한 잔 따라준다. "이보시게! 많이 외로워서 나를 찾아오셨는가? 아이쿠 고독 친구와 쓸쓸한 얼굴도 보이는구먼. 자! 오늘은 나와 함께 붉은 포도주 한 잔 하시게!" 와인은 즐거운 자리에서 마셔도 좋지만 혼자서 마시면 생을 사유하는 더 좋은 친구가 된다.

　왜냐하면 탄닌감 질은 떫은맛에서 미적인 향을 익혀 고운 빛깔을 내는 레드 와인처럼, 사람은 외로움과 고독과 쓸쓸함 속에 떫은맛을 숙성시켜 삶의 고운 빛깔을 내니까.

그냥 연습했어요!

트레몰로 주법이란 게 있다.

이탈리아어로 트레몰로Tremolo는 한 음이나 여러 개의 음을 빨리 되풀이하여 떨리는 듯이 연주하는 방법을 말한다. 우리에게 잘 알려진 기타곡인 프란시스코 타레가의 〈알함브라 궁전의 추억Recuerdos de la Alhambra〉이 바로 트레몰로 주법으로 연주하는 대표곡이라 할 수 있다. 떨리는 효과음을 아름답게 연속적으로 내기 위해서는 엄지로 저음 현을 치며 검지, 중지, 약지로 고음 현을 반복해 계속 쳐야 하는데 박자와 톤을 유지하며 반복적으로 소리를 낸다는 게 여간 어렵지 않다고 한다. 손톱이 현을 스칠 때마다 공명을 일으키는 소리는 줄지어 밀려와 부서졌다 다시 밀려오는 파도처럼 지속적해서 떨림의 변주를 연주한다. 한 음을 쪼개고 쪼개 기타

줄을 튕기는 손가락의 스피드와 탄력, 현란한 기교를 위한 완급 조절, 트레몰로를 빠르거나 느리게 연주하는 연주자만의 독특한 음색, 손톱과 줄의 마찰음을 세밀하게 들려주는 공간의 울림…… 이 모든 게 합쳐져야만 탁월한 연주가 된다는 트레몰로의 주법은 신기神技의 영역 같다.

예전에는 라디오에서 안드레스 세고비아나 나르시소 예페스, 페페 로메로 등의 연주로 〈알함브라 궁전의 추억〉을 자주 들었는데 요즘은 박규희의 연주로 이 음악을 감상할 수 있어 느낌이 새롭다. 그녀의 〈알함브라 궁전의 추억〉 연주는 기타의 전설들과 비교해도 손색없을 만큼 비르투오소virtuoso적이며, 알함브라의 서글픈 역사를 애잔하고 아름다운 추억의 트레몰로로 엮어낸다. 누군가 박규희에게 〈알함브라 궁전의 추억〉을 연주할 때 트레몰로 주법의 비결을 물었다고 한다. 그녀의 대답은 어떠했을까?
"그냥 연습했어요!"
너무도 평범한 말이 대답의 전부였다고 한다. 젊은 대가의 연주 비결에는 분명 대단한 무엇인가 있을 법도 한데 그럴듯한 말을 기대했다가 실망한 적이 있었다. 그러나 곰곰이 생각해보면 "그냥 연습했어요!"란 말 외에 무엇이 더 필요할까. '연습!' 세계적인 연주자가 되는 과정이나 삶을 만들어가는 과정이나 연습밖에는 길이 없을 것 같다. 기회가 된다면 클래식 기타리스트 박규희의 손을 보고 싶다. 운지법을 익히기 위하여 손가락에 쌓였을 눈물의 두께와 금이 갔다 갈라져서 굳어버린 여린 살에 나무옹이처럼 박혀 있을 시간의 상처와 손가락 마디마디 고여 있을 좌절의 깊이를, 그리고 오직 '연습'만으로 봉우리에 올라선 아름다운 소리도 듣고 싶다.

연습에는 지름길도 없고 엘리베이터도 없다. 그저 한 계단씩 딛고 오르는 길밖에는. 삶이 그렇지 않은가, 점프를 허용하지 않는 삶! 지독한 연습만이 생을 한걸음 전진시킨다는 걸 그녀의 기타 연주를 들으며 생각한다.

향기와 빛깔의 마술사 모과,
모과야! 미안하다

    노란 은행나무 아래 좌판을 벌인 아주머니 다라에는 울퉁불퉁한 모과가 한가득 담겨있었다. 가을이 깊어지면 모과를 사서 책상이나 식탁, 잠자는 방 작은 탁자 위에 두는 습관 때문에 모과를 샀다. 갓난아기 얼굴만 한 모과가 7개 오천 원이라니 공짜나 다름없었다. 거기에 덤이라며 파릇파릇한 작은 모과 하나를 비닐봉지에 넣어주는 마음씨 좋은 아주머니 덕분에 갑자기 부자가 된 것 같았다. 모과 8개 무게가 제법 묵직했지만, 집안에 두고 볼 생각에, 그 향기의 성찬을 상상하면 발걸음은 종잇장을 든 것처럼 가벼웠다.

    오래전 순천의 '와온' 바닷가로 여행 갔을 때 '모리아'라는 카페에서 모과꽃을 처음 본 적이 있다. 이젠 추억 속의 낡은 사진첩에나 있는 이야기지만 와온은 소설가 박완서 선생님과 자주 여행 갔던 곳이고, 모리아는 와온에 갈 때면 박 선생님과 함께 들러 차를 마시던 카페였다. '와온臥溫'이라는 말이 '누워 잠든 따뜻한' 바다라는 뜻인데 어머니가 잠든 바다처럼 따뜻하고 온화한 게 인상적이었다. 아름다운 바다가 보이는 카페는 널찍하면서도 아담한 정원이 예뻤다. 소설가 박완서 선생님과는 차 한 잔에 살아가는 이야기며 문학 이야기며 꽃 이야기, 여행 이야기로 시간 가는 줄 몰랐었다. 바다에서 미풍이 불어올 때마다 각양각색의 꽃이 핀 정원에서 꽃향기가 일어났다. 분홍빛 모과꽃이 막 피기 시작했는데 완벽한 자태로 바다를 향해 핀 그 작은 꽃송이가 얼마나 눈부셨던지⋯⋯

혹한을 물리치고 봄날 연분홍 꽃을 피운 뒤 장마와 태풍, 한여름의 불볕더위 속에서도 튼실한 열매를 맺은 모과나무를 생각하면 괜스레 고마운 마음이 들었다. 마음씨 좋은 아주머니 모과도 팔아드릴 겸 모과를 놓고 보는 기쁨도 누릴 겸해서 다시 은행나무 길로 가서 모과 오천 원어치를 더 사왔다. 커다란 나무 함지박에 모과를 풀어 놓으니 모과들이 한결 싱싱해 보였고 윤기도 자르르 흐르는 게 그야말로 보석 덩어리 같았다. 신주 모시듯 모과를 보고 또 보고 모과와 이야기를 나누는 사이 모과는 시간에 침식당하며 조금씩 노랗게 변해갔다. 모과는 황금빛으로 짙어갈 때마다 깊은 향기를 뿜었다. 향기는 빛깔에 비례하는 것인지 모과를 보며, 아! 나도 생의 빛깔이 짙어질 때마다 모과처럼 인간의 향기가 깊어 가면 좋겠다는 생각이 들었다. 그 뒤로는 함지박에 뒹구는 모과를 보며, 모과야! 미안하다! 나는 너만큼 깊은 향기를 못 내는구나! 하고 못생긴 모과 앞에서 좌절의 한숨을 내쉬기도 했다.

울퉁불퉁하고 하찮아 보이는 모과가, 나보다 정말 못생긴 모과가 인생론까진 몰라도 내 삶을 헤적여 보게 할 줄은 몰랐다. 모과를 따고 남은 빈 나뭇가지마다 오늘 밤에는 별이 내리고 달빛 찾아들어 나무의 허전한 마음을 달래주고 있을 것이다. 시골 들녘에 홀로 서 있을 눈길 한 번 제대로 받지 못한 모과나무에도 고마운 생각이 들었다.

보석이 별거겠는가. 모과처럼 내 마음에 닿아 향기를 발산하고 반짝반짝 빛나는 삶의 윤기가 되어주면 그것이 보석이다.

이누이트인의 언어에 없다는 말
훌륭하다

얼음과 눈으로 뒤덮인 은색의 눈밭에서 야생의 늑대 같은 개가 끄는 썰매를 타고 만년 설원을 달리고 싶을 때면 에스키모를 생각한다.

푸른 눈의 시베리아허스키가 심장이 터지도록 달려가는 대 설원 끝에는 무엇이 있을까. 눈이 부시도록 흰 셀렘 이란 보석과 무엇이든 할 수 있을 것 같은 가능성과 또 하나의 우주가 갇혀있을 것 같은 고귀한 얼음장이 삶에 박혀 빛날 것만 같다. 설원을 달리느라 강인한 투지를 불태우며 눈썰매를 끌던 개들의 빛나는 눈동자는 얼마나 아름다울까! 태양빛보다 뜨거울 그 눈동자를 바라보며 한없이 낮은 숨결로 생을 숙고한다면 삶은 또 얼마나 깊어질까! 사냥을 마친 사냥꾼 소년이 물고기를 던져주면 허기진 배를 채우려 컹컹

짖으며 피 맛을 보는 야생의 개들과 함께 핏빛 고기를 한 입 찢는 에스키모!……

이누이트Inuit족은 흔히 우리가 알고 있던 에스키모Eskimo를 말한다. "에스키모라는 이름은 캐나다의 크리 인디언이 '날고기를 먹는 사람들'이라는 뜻에서 붙인 것이라고 하던데, 그들 스스로는 '인간'을 의미하는 이누이트라고 불러왔다"고 한다. 예전에는 개와 순록을 기르며 고기잡이와 사냥을 통하여 바다표범, 물개, 연어 등을 잡아서 날로 먹기도 했고 겨울에는 얼음집으로 불리는 이글루에서 살았다고 한다. 하지만 모든 게 변해가는 시대에서 북극이나 그린란드, 알래스카 등에 사는 그들이라 할지라도 예외일 수 없는 세상이 되고 말았다. 이누이트족은 지금도 정령 숭배를 믿고 있을까? 오래전부터 그들은 인간을 중심으로 자연의 모든 사물에는 영혼이 있다고 믿었고, 내세까지 이어지는 영혼은 현생을 맺어준다고 했다는데, 지금도 삼라만상에는 영혼이 있다고 믿는 것인지 궁금했다.

우연히 이누이트족 언어에는 '훌륭하다!'란 말이 없다고 들은 적이 있는데 정말 그럴까? 그들의 애니미즘적 현세관과 함께 호기심을 자극한 것은 바로 '훌륭하다!'란 말이 없다는 것이다. 눈 지방에 사는 종족의 언어에 '훌륭하다!'란 말이 없다는 것은 좀 충격적이었다. '훌륭하다!'란 말은 어떤 대상을 칭찬할 만큼 대단하거나 뛰어나다는 뜻이므로 누군가를 자극하고 성장시키는 언어인데 그 말이 없다니!…… 하지만 가만히 생각해보면 틀린 말도 아니다. 자연에 깃든 모든 생명체, 사물에는 영혼이 있다고 믿었던 그들이니 무엇이 잘나고 못날 것도 없지 않은가. 인간만이 위대하다고 하는 것도 대자연, 대우주에서 보면 대단한 오만이며 무례일 것이다. 이누이트 종족은 먼 옛날부터 이미 그걸 깨닫고, 모든 존재는 다 훌륭하고 아름답다고 여겼을 테니 굳이 훌륭하다는 말이 필요 없다고 생각했을지도 모른다.

그래도 아름답게 살아야지!

⟨밤의 카페테라스⟩를 그리며 커피 한 잔 사 마실 돈이 없었던
빈센트 반 고흐의 푸른 별

  삶이 어렵다고 생각될 때, 일이 잘 안되고 운이 없다고 생각될 때, 외로움이 짙어 그림자에서도 외로움이 묻어날 때, 달리는 버스 라디오에서 동물원 노래 ⟨혜화동⟩이 흘러나와 잊고 살아가는 것들이 생각날 때, 어떤 상황에서 헤어나고 싶은데 헤어날 길이 없을 때, 누군가에게 답답한 속마음을 말하고 싶은데 말할 사람마저 없을 때, 나는 빈센트 반 고흐의 그림을 보며 궁핍에 넌더리가 났으면서도 "그래도 아름답게 살아야지!" 말했던 그 사내를 떠올린다. 1888년 11월 어스름 녘 아를의 한 카페 앞에 서서 캔버스에 붓질을 하던 고흐는 추운 밤공기를 녹여줄 커피 한 잔 사 마실 돈이 없었다고 한다. 고흐가 이때 그린 그림이 그 유명한 ⟨밤의 카페테라스⟩다.

나는 이 그림을 볼 때마다 밤의 카페 풍경에 반응했던 고흐의 정신에 대해 생각해 본다. 고흐는 헤겔처럼 예술미가 정신에서 태어났고 아름다움이란 작품 속에 진리가 현상된 것이라고 믿었던 것일까. 추운 겨울밤 커피 한 잔 사 마실 돈 한 푼 없으면서도 먹먹한 밤하늘에 고귀한 정신이 반짝이는 것 같은 푸른 별과 카페테라스 노란 벽에서 인정 같은 따뜻한 금빛을 뿌리는 등, 밤의 카페테라스에 앉아 길을 잃은 사람들의 쓸쓸한 표정과 어둠 속으로 사라져 가는 사람들의 뒷모습을 영롱한 눈물방울처럼 그려 놓았으니, 그는 도대체 어느 별에서 온 사람일까.

반 고흐 화집을 꺼내 〈밤의 카페테라스〉에 커다란 돋보기를 대고 그림을 살펴본다. 그림을 보면 세계 속의 섬에 살던 그의 순수한 마음이 보일 것도 같다. 별이 빛나는 밤, 별들은 고흐에게 무어라 속삭였기에 그는 저렇듯 숭고한 빛을 내는 푸른 별을 그린 것인지. 청록색 밤하늘 별은 누구도 이해할 수 없었던 고흐의 고독한 이데아 같다. 고흐는 영원한 별빛과 인간이 만들어낸 불빛을 대비시키고 또 무한한 생을 사는 별과 유한한 인간의 삶을 대비시켜 놓았다. 저마다의 집을 향해 어두운 골목으로 사라져 가는 사람들 뒷모습과 어둠 깊은 불 꺼진 창, 밤늦은 카페테라스의 빈 탁자들과 의자들은 고흐의 상처 받은 마음 같다.

고흐의 이루지 못한 사랑 중에는 다섯 살 된 딸이 있으면서도 또 임신 중이었던 시엔 후르닉이란 매춘부가 있었고 그는 그녀를 진심으로 사랑했다고 한다. "그녀도 나도 불행한 사람이지. 그래서 함께 지내면서 서로의 짐을 나누어지고 있다. 그게 바로 불행을 행복으로 바꿔주고 참을 수 없는 것을 참을만하게 해주는 힘이 아니겠니."라고 동생 테오에게 보낸 편지를 보면 고흐는 인간적으로도 매우 진실한 사람이었던 것 같다. 예술의 시퍼런 광기에 사로잡혀있으면서도 인간적으로 따뜻한 사랑을 잃지 않았던 빈센트 반 고흐. 그는 지상에서의 삶이 죽을 만큼 어려웠어도 "그래도 아름답게 살아야지!" 하고 말할 줄 알았던 유일한 인간이다. 오늘 밤은 별을 보며 나도 고흐처럼 말하고 싶다. "그래도 아름답게 살아야지!"

스무 해 동안
구멍가게를 그린 화가

『동전 하나로도 행복했던 구멍가게의 날들』

경남 하동군 악양면 평사리가 현재와는 전혀 다른 모습일 때이니 1993년 봄 무렵이다. 이즈음만 해도 평사리는 전형적인 한국의 시골 마을 풍경을 간직하고 있었다. 돌각담 너머 보이는 앵두나무에선 빨간 꽃등을 단 것처럼 탐스러운 열매가 익어갔다. 집마다 '공루'라고 부르는 원두막 비슷한 누각이 있었고, 나라 안에서 으뜸가는 풍경인 고담한 돌각담은 소박하다 못해 궁색해 보이는 집들과 조붓조붓한 길들과 사람들을 어머니 눈웃음처럼 이어주고 있었다. 소설가 박완서 선생님과는 남도 여행에 나선지라 섬진강에서 줄로 끄는 줄배를 타고 와서 평사리를 둘러보다 보니 속이 좀 출출했었다. 우리는 염치 불구하고 돌각담 위 앵두나무 가지에 달린 앵두를 정신없이 따먹은 적이 있다. 우리가 이 평범한 시골 마을을 찾았던 것은 저 멀리 섬진강이 휘돌아가는 지평선까지 펼쳐진 들녘과 산과 온전한 시골 풍경이 있었기 때문이다. 여행길 추억의 사진첩을 아름답게 장식한 것은 금방이라도 쓰러질 것 같던 점방이었다. 마을 중간 네거리에 있는 점방을 보러 가서 무엇인가 사는 시늉을 했다. 코딱지만 한 가게이다 보니 유리창으로 보이는 선반에는 그 흔한 과자 봉다리 하나, 사이다 한 병 없었다. 손님이라야 양초를 사러 온 꼬부랑 할머니와 투박하게 생긴 빨랫비누를 사가는 머리에 흰 수건을 두른 아주머니가 다였다. 이날 본 점방을 마지막으로 몇 년 뒤 평사리 마을은 해체되어 천지개벽 했다. 쓸쓸하고 애잔해 보였지만 인간적인 애수가 남아있었던 평사리 점방은 영원히 시간의 수레바퀴 아래 묻혔다.

다시, 점방을 보게 된 것은 이십 사오 년이 훌쩍 지난 책방에서 『동전 하나로도 행복했던 구멍가게의 날들』이란 책을 통해서다. 이 책은 우리 시대의 사라져가는 구멍가게를 인정 깊게 복원시킨 세밀한 풍경화이고, 간간이 그림에 붙인 글은 진정성 깊은 아름다운 에세이였다. 책장을 넘길 때마다 나타나는 전국의 구멍가게 그림에선 지금은 부재한 할머니나 할아버지 목소리가 들릴 것 같았고, "석치상회"나 "삼

거리슈퍼", "남문점빵" 같은 이름을 단 구멍가게에선 한 번쯤 본 것 같은 동네 어머니가 무얼 사러 왔느냐고 물으실 것만 같다.

책상 한구석에 놓고 손때 묻혀가며 보았던 책 중에는 1980년대 출간된 '열화당 사진문고'가 있다.『으젠느 앗제』,『앙리 까르띠에-브레쏭』,『최민식』등의 사진은 볼 때마다 시대의 풍경을 낯설게 보여주며 꼬챙이로 가슴을 쿡쿡 찔렀다. 특히 최민식의 사진들은 인간이란 무엇인가? 삶이란 무엇인가?에 대한 물음을 던지는 지난 20세기의 인간 박물관처럼 보였다. 책상에서『동전 하나로도 행복했던 구멍가게의 날들』이 뒹굴기 시작한 것은, 이 책이 지난 세기 초부터 우리 삶에 머물던 구멍가게란 존재를 되새겨주었고 문화사적으로도 그 의미를 각인시켰기 때문이다. 누구든지 어떤 사람이든지 마음에 구멍가게 한둘쯤 지니고 살아간다. 학교 앞 문방구, 떡볶이 가게 옆, 동네 어귀에서 근근이 버티고 있던 구멍가게는 우리 삶의 자화상이었다.

이미경 화가는 구멍가게 풍경을 찾아 20여 년 동안 전국을 헤맸다고 한다. 주부로 엄마로 아내로 살기 쉽지 않은 이 땅에서 스무 해 동안 예술적 열정을 갖고 어떤 작업을 한다는 건 말처럼 쉽지 않은 일이다. 홍대 서양화과를 나온 화가가 고상한 회화도 아니고 장돌뱅이처럼 떠돌며 구멍가게를 그린다면 그까짓 것 그려 뭐하냐고 고개를 갸우뚱 할 지도 모를 일이다. 하지만 나에게는 앵포르멜이니 쉬르레알리슴이니 기하 추상이니 포스트모던이니 하는 어떤 이름을 붙인 현대 회화보다도 구멍가게 풍경이 더 아름다웠다. 현실에 실재하는 것을 그림으로 완벽히 재표현하려는 극사실주의 Hyperrealism 화풍에, 따뜻한 서정을 입혀 인정 깊은 질감으로 구멍가게 풍경을 재현한 책 한 권에는, 인간에 대한 깊은 성찰과 동시대를 살아가는 예술가로서의 번민이 담겨있었다. 화가의 구멍가게 그림이 단순한 기예技藝에서 나온 게 아니고 인문주의가 깊은 작가라는 것은 내면에서 우러나오는 글이 깊고 따뜻하고 진실했기 때문이다.

'청파동을 서성이다'란 대목을 펼치니 최승자 시인의 「청파동을 기억하는가」라는 시가 눈에 들어왔다. 그 글의 마지막은 이렇게 끝나고 있다. "지난봄 어느 날 후암동 뒷길을 돌아 청파동을 거닐었다. 어느덧 골목에는 자줏빛 어둠이 깔렸다. 나는 그의 시 속 청파동을 알지 못하지만 다만 그 시대를 살았던 청춘이, 최승자 시인이, 또한 내가 골목을 돌고 돌아 언젠가, 어디선가 '오래된 정원'을 찾을 수 있기를 소망했다."

군산상고 뒷골목에 있다는 구멍가게 '석치상회'를 보는 내내 가슴이 싸했다.

백발의 주인 할아버지가 한다는 구멍가게 문을 드르륵 열고 들어서면 두세 평 남짓하여 한 눈에 들어온다는 가게. 마호가니 색 원목 진열장에 정갈하게 정리해놓았다는 물건들도 보고 싶고, 백발의 할아버지가 건네주는 칠성사이다 한 병을 곱게 배낭에 넣어보고 싶다.

화가는 어느 날 김사인 시인의 시, 「선운사 풍천 장어집」을 보는 순간 10년 전 만났다는 '석치상회'의 할아버지가 떠올랐다고 한다. "(……)/누가 보거나 말거나/오두마니 자리를 지킨다는 건/(……)/이십년 삼십년을 거기 있는다는 것.//우주의 한 귀퉁이를/얼마나 잘 지키는 일인가./(……)/풀들이 그렇듯이/달과 별들이 그렇듯이.

화가는 '석치상회' 간판 글씨를 직접 썼다는 할아버지 글씨에서 꼿꼿함이 느껴졌다며, 마흔 넘어 가게를 열고 팔순 지난 할아버지가 헐헐 웃는 하얀 얼굴이 순간 신선 같았다고 고백한다. 할아버지가 직접 썼다는 '손 글씨 간판'에 대한 화가의 글을 끝으로 이 가게는 얼마 후 지상에서 사라졌다.

"함석판 위에 무심히 써 내린 검은 먹글씨. 생채기 난 자리에 녹이 슬고, 드문드문 떨어져 나간 표피 아래 켜켜이 쌓인 세월의 지층. 무명의 삶, 무명의 글씨, 무명의 화가. 붉던 가슴은 하얀 목련으로 피어오르고 그림도 글씨도 제 주인의 향기를 품는다."

 '점방'이나 '구멍가게'가 사라져 가면 추억도 연기처럼 흩어져 간다. 이건 단순히 껌 한 통 사서 단물 빠질 때까지 씹던 껌에 대한 추억이 아니다. 구멍가게는 우리 삶 속에서 한 세기 넘게 버텨온 이야기이며, 마음이 해지거나 뜯어지면 다른 마음을 대어 누덕누덕 기워 살아가듯, 우리들 삶에 덕지덕지 붙은 애환 짙은 풍속화이다. 그러나 구멍가게는 동화 속에 나오는 이야기처럼 사라져가고 사라져가서 마술 램프를 만지며 외우는 주문 앞에서나 "펑!"하고 나타났다 신기루처럼 사라질지 모른다.
 『동전 하나로도 행복했던 구멍가게의 날들』에는 구멍가게에 없다.

티베트 고원에서 야크 치는 소녀의 에메랄드빛 눈

해발 4,500미터 티베트 고원에서 에메랄드빛 눈의 소녀를 만났다.

 머리에 두른 빛바랜 체크 머플러가 잘 어울리는 참새만 한 체구의 소녀였다. 얼굴은 햇볕에 검게 탔지만 선한 눈매와 덧니 난 입가의 수줍은 미소가 솜털 보송한 에델바이스 모습이다. 낡아 헤져 구멍 난 소녀의 파란 재킷에서 금색 단추가 햇빛에 반짝였다. 금 멕기 입힌 단추는 소녀의 궁핍해 보이는 삶에서 유일하게 빛나고 있었다. 그러나 반짝이는 것은 금색 단추가 아니라 소녀였다. 소녀는 대상을 비추는 작은 거울 같아 보였다. 카메라를 든 나는 소녀를 피사체로 보고 사진을 찍었는데, 정작 피사체가 되어 사진이 찍힌 건 나였다. 소녀의 에메랄드빛 눈이 내 마음을 찍은 것이다. 소녀는 자신의 눈 거울에 내 마음을 비춰주었다. 이상한 것은 소녀의 눈 거울에 비친 내 모습이다. 아무것도 가진 게 없어 보이는 티베트 소녀보다 가진 게 더 많은 내가 안쓰러워 보인 것이다. 살림살이가 늘어가도 내 삶은 언제나 불만투성이지만 티베트 고원이나 노란 달이 뜨는 파란 호수, 투명한 공기, 원시적인 쪽빛 하늘이나 가졌음직한 소녀는 평온하고 행복해 보였다. 나도 소녀처럼 에메랄드빛 눈 거울을 하나 장만하고 싶다.

소녀가 파란 재킷 속에 받쳐 입은 건 시골 장터에서 오천 원이면 뒤집어쓸 촌스러운 블라우스도 아닌, 땟국물이 흐르는 흰옷이다. 목의 옷깃에는 때가 눌어붙어 꺼무스레 변색됐다. 때의 갑옷을 두르고도 저렇게 인간적인 미소를 지을 수 있다니 신기하다. 원시적인 새파란 하늘빛을 닮아서일까. 해발 4,500미터 고원에서 튕겨 오르는 얼음 같은 공기를 날마다 서 말 닷 되쯤 들이켜기 때문일까. 청아하고 불순물 없는 미소였다. 그러나 저 미소를 아무리 그럴듯하게 치장한다 해도 소녀를 바라보는 내 시선은 일정 부분 연민이라는 이름의 포장지에 싸여있다.

연민이 섣부른 감상에서 왔다면 나보다 부족하고 못나 보이는 이를 향한 은근한 얕잡아 봄이 될 수도 있다. 그것은 연민으로 포장된 편견이고 타자에 대한 모독이다. 산소마저 부족한 엄혹한 대자연의 고원에서 살며 자연이 주는 최소한의 것만으로 사는 소녀와, 욕망이라는 이름의 전차를 타고 자본의 달콤한 소유에 길들여진 내가 대화를 한다면, 우린 해왕성만큼의 거리를 느낄 것이다. 필시 내 삶의 방식을 들은 티베트 소녀는 존재하는 건 소유하는 게 아니라고 말할 것이며, 소녀가 사는 방식을 본 나는 존재하는 건 소유하는 것이라고 말할 것이다. 묵시적으로는 소녀의 말에 동의하면서 영악스럽게도 나는 소유의 욕망으로부터 도피하지 못할 것이다.

  티베트 고원에 사는 소녀와 나는 에리히 프롬이 말한 삶의 방식, 즉 존재방식을 택할 것인가, 소유 방식을 택할 것인가에 있어선 아마도 극명하게 갈 릴 것이다. 비록 그 철학자가 말한 게 무소유가 아니고, 소유의 집착으로부터 벗어나 정신으로 존재하는 방식을 말했더라도 말이다. 다만 티베트 소녀를 만나 행복할 수 있었던 것은, 그 미소의 고귀한 빛이, '그래 무욕의 땅에 사는 저런 삶도 있구나!' 하고, 가벼워지는 삶에 대해 숙고하게 만든 것이다. 하긴 소유할수록 나의 존재가 그만큼 더 커지는 것도 아닌데, 그건 소유에 대한 집착이 아닐까 라는 생각이 든 것은, 소유 방식에서 존재방식으로 삶을 전환해야 한다고 고민한 것은, 티베트 고원에서 우연히 만난 소녀 덕분이다.

티베트 고원의 소녀는 사는데 스스럼없기 때문인지 스스럼없는 존재의 미소를 짓는다. 우리는 같은 별에 살면서도 서로에 대해 외계에서 온 외계인이다. 그래서인지 소녀의 에메랄드빛 눈의 거울에 비친 내 모습이 안쓰러워 보였는지 모른다. 티베트 소녀의 마음 길 끄트머리 어디쯤, 아득한 파란 하늘 어디쯤, 길들여지지 않은 싱싱한 나의 미소도 있으련만 나는 그 길로부터 너무 멀리 떠나왔다. 티베트 소녀의 선한 미소 박힌 사진을 볼 때마다 나는 무장해제를 당한다. 세상에 이렇게 아름다운 날벼락은 없다.

거뭇한 옷깃 사이 터키석으로 만든 목걸이가 곱게 보였다. 원시 적부터 목걸이는 신비한 기운을 간직한 주술적 상징이다. 네안데르탈인들도 목걸이에 신성한 정령이 머문다고 여겼다는데, 티베트인들이 즐겨하는 목걸이도 먼 옛날부터 그들을 지켜주는 수호신 역할을 했을 것이다. 소녀의 목걸이는 그녀를 지켜주는 부적으로 영혼이 머물고 있는 신성한 공간이다. 파란 터키석과 주황색 돌 사이에 엮은 검은

돌에 새겨진 하얀 문양의 목걸이가 영원토록 소녀를 지켜 줄 것만 같았다. 고원에서 마른 야크 똥을 주워 땔감으로 쓰려는 소녀의 어머니가 사랑하는 딸에게, 어머니의 어머니의 어머니가 그랬던 것처럼, 목걸이를 걸어주었을 것이다. 소녀의 유일한 사치품 같은 소박한 목걸이에서 햇빛이 반짝거렸다. 티베트 고원에서는 다이아몬드나 진주 목걸이보다 소녀가 한 터키석 목걸이를 더 쳐준다.

 여행은 이 별에서 저 별에 사는 영혼을 만나러 떠나는 만행이다. 여행자가 되어 낯선 곳을 떠돌다 보면 보랏빛 공기의 영혼을 만날 수도 있고, 솜다리 꽃이나 찔레꽃 영혼, 파란 돌의 영혼과 갈색 흙의 영혼을 만날 수도 있고, 대지를 쏘다니는 흰 바람의 정령을 만날 수도 있다.
 여행이란 무엇을 보는 게 아니고 그 무엇에 나를 비쳐보는 것이다. 티베트 고원에서 만난 에메랄드빛 눈의 소녀는 엘뤼아르의 시구처럼 "욕망 없는 부재 위에/벌거벗은 고독 위에"서 빛나고 있었다. 아무것도 가진 게 없어 보여도, 내면 가득 무진장한 보석을 품고 있던 수수께끼 같던 티베트 고원의 소녀. 티베트를 여행하며 비로소 사람의 눈에 영혼을 비춰주는 거울이 있다는 걸 알았다.

티베트 고원에서 만난 소녀의 눈은 에메랄드빛 거울이다.

프라하 가는 기차에서 만난
프라하 음대 여학생에게 지키지 못한 약속

뮌헨에서 체코 프라하로 가는 기차 여행은 생을 낯설게 한다.

뮌헨 대학 근처 카페 슈바빙에서 슈바르츠 차를 마시며 자전거를 타고 지나가는 사람들, 한가하게 걸어 다니는 사람들, 그리고 선로를 따라 전차가 길게 휘어져 나가는 풍경을 바라본다. 푸른 하늘엔 기하 추상으로 얽힌 전차 전선에 흰 구름이 걸려있다. 새들도 날아가고 여행자의 마음도 어디론가 날아가고 있을 무렵, 나는 무숙자처럼 멍하니 풍경을 바라보았다. 무엇을 바라본다는 것은 바깥을 의미하지만 사실은 자기 안쪽을 보고 있다는 말이다. 여행자들은 두 개의 자아를 갖고 여행을 한다. 하나는 원초적인 존재에 관한 자아이고 또 하나는 여행이라는 거울을 통해 보는 자아이다. 뮌헨에서는 시간에 구속당하지 않아 좋았다. 오래전 칸딘스키와 전혜린이 예찬했던 슈바빙 거리를 걸으며 자유와 예술과 청춘과 보헴의 정신을 구가했던 그 시대가 그리워졌다. 슈바빙에 살았을 가난한 화가나 조각가, 시인, 음악가, 배우는 못되더라도 내가 치기 어린 딜레탕트dilettante가 될지언정 한번쯤 그 시대 그 분위기에 휩쓸려 청춘을 살고 싶은 생각이 든 것은 여행이 내게 베푼 특권이다. 뮌헨에서 '바이에른 티켓'을 끊으면 시내 지하철과 버스 차편은 물론 오스트리아 잘츠부르크까지 다녀올 수 있어서 오랜만에 모차르트 성지도 둘러볼 수 있었다. 물론 당일에 돌아와야 하는 티켓 조건이 있지만 새벽녘 출발하면 온종일 모차르트를 만나고 우아하게 저녁까지 먹고 올 수 있으니 그것도 횡재한 기분이다. 마음만 먹으면 언제라도 국경을 넘는다는 게 우리 상식으로는 낯설고 불가능한 일이니까. 함부르크나 베를린과는 달리 뮌헨이라는 이 바이에른 왕국(?)은 독일에서도 하나의 섬 같은 느낌이다.

프라하는 몇 번 가봤지만 갈 때마다 항공편을 이용했던지라 뮌헨에서 기차를 타고 가는 게 여행다운 여행을 하는 것 같았다. 남독일의 지평선까지 물들인 황금물결이 기찻길을 따라 펼쳐졌고 구릉 길에는 성냥갑 같은 집들이 동화 속 풍경처럼 보였다. 5월이 되면 독일 전역은 유채꽃으로 뒤덮인다. 그래서 기차를 타고 가다 보면 산이 없는 독일 들녘은 온통 노란색 천지가 된다. 말없이 차창 밖 풍경을 감상하는 사람이 나 말고 또 한 사람 있음을 느낀 건 마주 보고 있는 기차 좌석 덕분이다. 내 앞에는 자주색 모란꽃 빛깔의 머리에 갈색 눈동자의 여자가 앉아있었다. 안경을 썼고 단아한 흰 원피스 차림이었다. 기차 안은 한산 했고 들녘을 스친 금빛 햇살이 차창 안으로 따라 들어와 여자 무릎에 떨어졌다. 들녘에서 날아든 유채꽃 향기에 여자는 눈을 지그시 감고 행복한 표정을 지었다. 영화 속의 한 장면 같은 시간이 기찻길을 따라 흘렀고 별이라도 뜬 것 같은 기분에 나는 흘깃 하늘을 올려다보았다. '무엇을 하는 여자일까? 어디서 왔으며, 프라하로 여행을 가는 중일까? 아니면……' 잠시 이 생각 저 생각을 하는데 여자가 나를 쳐다보았다. 나는 속마음을 들킨 것 같아 불쑥 "여행 중이냐?"라고 물어보았다.

여자는 밝게 웃으며 아니라고 대답했다. "그럼 왜 프라하를 가느냐?"라고 다시 물어보니 "집에 간다."는 말이 돌아왔다. "집?" 우리는 스무고개라도 하듯 웃으며 물어보고 대답하는 사이 조금씩 친해져 갔다. 여행은 사람과 사람 사이에

쳐진 벽을 말 한두 마디로 허무는 마법을 부린다. "뮌헨을 여행하고 가느냐?"라고 물어 보았지만 이번에도 여자는 아니라고 말했다.(우리는 스무고개를 하는 게 맞는 것 같았다.) 고개를 갸우뚱하며 문제를 맞혀보려는 내 표정이 조금 우스웠는지 여자는 미소 지으며 "일하고 간다."고 말했다. "일?⋯⋯ 무슨 일을?⋯⋯" 알고 보니 여자는 프라하 음대에서 피아노를 전공하는 학생이었다. 주말이면 뮌헨의 한 성당에서 오르간 연주로 아르바이트를 하고 월요일이면 프라하로 돌아간다는 것이다. 독일의 마르크DM 화폐가 유럽에서는 강세이기 때문에 동유럽 사람들이 뮌헨에서 아르바이트를 하는 일은 다반사였다. 체코에서도 독일어를 써서 그런지 여자의 독일어는 매우 능숙했다. 이번엔 여자가 내게 "프라하로 여행하러 가느냐?"라고 물었다. 나는 반은 일 숙제를 하기 위하여 반은 여행하러 간다고 대답했다. 우리가 서로의 궁금한 것을 묻고 대답하는 사이 체코 경찰이 돌아다니며 여권을 확인하고 있었다. 여기서부터는 체코 땅이다. 묘한 것은 독일과 체코 국경을 경계로 풍경이 변해갔다.

 뮌헨이 멀어지고 프라하가 조금 더 가까워진 보헤미아 지방의 낯선 간이역을 지날 때 나는 여자에게 한 가지 제안을 했다. 프라하 국립중앙도서관을 들어가 찾아보고 싶은 책이 있는데 그 일을 도와줄 수 있는지, 그리고 시내 여기저기를 가이드해 줄 수 있는지 물어보았는데 흔쾌히 도와주겠다고 했다. 시내서 부모님과 함께 산다는 여자는 청순했지만 성실했고 검소하고 모범생 적인 이미지에 화장기라곤 찾아볼 수 없는 하얀 얼굴을 하고 있었다.

그녀는 프라하 국립중앙도서관을 들어갈 때도 학생증을 보여주며 나를 독일에서 온 친구라고 말했고 그 덕분에 우리는 정말 친한 친구처럼 도서관 여기저기를 돌아볼 수 있었다. 그녀는 자기 일처럼 내가 찾는 책을 찾아주었다. 도서관에서 책으로 지은 신기한 책의 탑을 보았다. 견고하게 쌓아 올린 책의 탑에서 체코 예술가가 표현하고 싶었던 게 이곳이야말로 책의 성전이며 불멸의 정신이 살고 있는 집이란 건 아닐까 생각했다. 아침이면 카페에서 만나 여행 일과를 짜며 여러 날 동안 우리는 함께 밥을 먹고 밤늦게까지 프라하를 신나게 구경했다. 나는 프라하 태생인 라이너 마리아 릴케의 시와 카프카의 소설, 드보르작의 음악에 대해 말했고, 그들의 시와 소설과 음악은 한국에서 교양인들의 많은 사랑을 받고 있다고 했다. 그녀는 피아니스트와 교사의 갈림길에서 고민한 적이 있었는데 지금은 교사 쪽으로 마음이 기운 듯했다.

  프라하는 언제 와 보아도 낭만과 젊음을 구가할 수 있는 청춘의 도시다. 우리는 보리수나무 가로수가 이어지는 바츨라프 광장을 말없이 걷기도 했고 석양이 지는 카를 다리 돌바닥에 털썩 주저앉아 불타바 강을 바라보기도 했다. 스메타나의 교향시 〈몰다우〉를 기타로 연주하는 거리의 악사, 선글라스를 쓰고 입술에 새빨간 루주를 칠한 채 액세서리를 파는 젊은 여자, 자신이 그린 프라하 풍경 그림을 파는 화가, 성상이 서 있는 난간에서 책을 읽는 청년, 관광객들로 카를 다리는 붐볐다. 그녀는 나를 다리 한가운데 있는 난간으로 데려갔다. 그곳에 십자가의 플레이트가 묻혀있는데 그 위에 손을 얹고 기도를 하면 소원이 이루어진다는 것이다. 눈이 맑은 프라하 음대생과 나는 가만히 손을 얹고 기도를 했다. 서로의 기도가 무엇인지는 잘 모르지만 사랑이 넘치시는 성모 마리아께서 우리의 소원을 들어주실 것이라 믿었다.

  시간은 어김없이 흘러갔고 황금소로 카프카 집에 남겨진 우리들의 발자국과 이야기도, 불타바 강에 띄워 보낸 우리들의 우정도 잠들지 않는 프라하 불빛 속에 묻어야 했다. 내일은 서울로 돌아가는 날이다. 로댕은 이 도시를 두고 '북쪽의 로마'라고 했다지만 그녀와 나에게는 파리의 로맨스를 상상할 만큼 작은 파리 같은 아름다운 도시였다. 그리고 체코 사람들의 심성이 인정 많고 따뜻하며 타인을 배려하는 마음을 지닌 보헤미안이란 걸 알게 되었다. 여러 날 동안 도움을 준 그녀에게 사례할 길이 없어 작은 봉투를 준비할 수밖에 없었다. 한사코 사례를 거절하며 도망가는 그녀를 쫓아가 봉투를 외투 주머니에 찔러 넣으며 고마운 마음이라고 말했다. 그리고 프라하에 대해 쓰고 싶은 글이 있어서 꼭 돌아올 것이니 그때 다시 만나자 했고 그녀도 고개를 끄덕였다.

　우리는 눈부신 황금 돔이 보이는 가로등 아래서 포옹을 하며 서로의 등을 토닥여 주었다. 달빛 어린 그녀 눈망울에 눈물방울이 살짝 비쳤다. 노천 카페테라스에서 커피를 마시며 문학과 음악을 이야기하고, 버스에서 손짓으로 풍경과 건축물에 대해 말할 때도, 이별을 생각하지 않은 건 아니지만 이별은 언제나 슬픈 얼굴을 하고 있다. 골목으로 사라져 가는 그녀 모습이 어둠에 잠길 무렵 프라하 밤하늘에 별 하나가 반짝였다. 긴 세월이 흐르는 동안 대학 강의를 하며 여러 권의 책을 내고 문학상을 받고 독일의 예술 전시회에서 사진이 당선되어 서울과 일본에서 사진전도 했지만, 나에게 프라하는 여전히 그리움의 대상이며 미완의 생을 진전시킬 꿈의 세계, 아름다운 가상으로 남아있다. 프라하 가는 기차에서 만난 우연한 인연이 새 꿈을 꾸게 하는 것은 그녀가 프라하에 살아서가 아니라 추억이 아직 이루어야 할 꿈을 견인하기 때문이다. 살아가다 보면 슬픔도 힘이 되고 상처도 약이 되고 좌절도 빛이 되지만 아름다운 추억은 꿈을 꾸게 한다. 언제쯤 미를 찾아 프라하를 갈지 모르지만 그곳에서 글을 쓰고 있을 나를 생각해본다. 적지 않은 세월 속에 프라하 음대를 다니던 그녀는 어떻게 변했을까, 그리고 우리는 어디서 무엇이 되어 다시 만날까. 추억이 생을 밀고 간다.

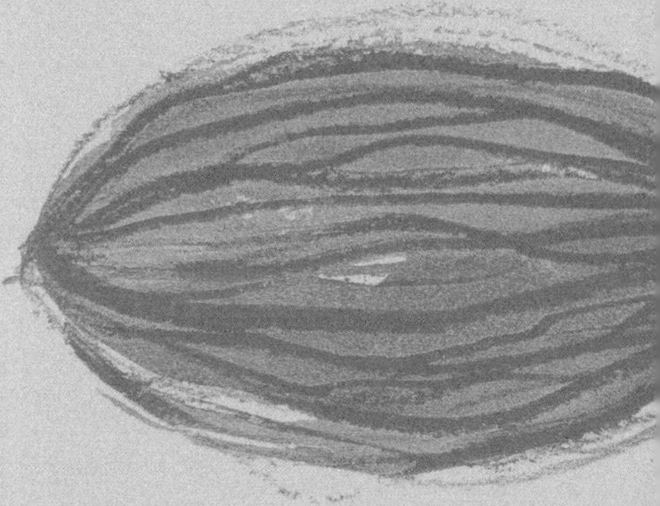

2장

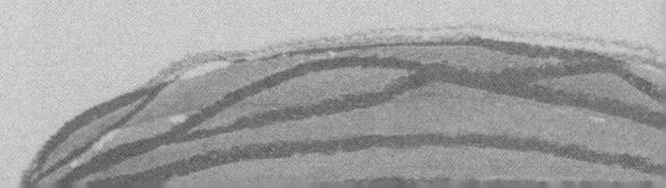

제인 구달의
행복 법

 독일의 사진작가 호르스트 바커바르트는 평생 '붉은 소파'를 들고 지구 곳곳을 다녔다.

 아이슬란드 빙하 위에 붉은 소파를 놓고 여고생 여행 가이드를 앉히거나, 러시아의 건물공사장에 붉은 소파를 놓고 구소련 대통령 고르바초프를 앉히거나, 폴란드 공동묘지에 붉은 소파를 놓고 묘를 찾은 할머니를 앉히거나, 산더미 같은 쓰레기에 붉은 소파를 놓고 바이올리니스트 예후디 메뉴인을 앉히거나, 트럭 가득 실린 사과 위에 붉은 소파를 놓고 노르망디의 한 농부를 앉히거나 하는 방식으로 사진을 찍으며 똑같은 질문을 던진다. "당신의 인생을 가치 있게 만드는 것은 무엇인가?" "당신의 가장 큰 바람은 무엇인가?" "당신에게 행복이란 무엇인가?" "당신에게 불행이란 무엇인가?"

"당신이 범한 가장 큰 실수는 무엇인가?" "당신에게 동물과 식물은 어떤 의미인가?" "당신은 누가 혹은 무엇이 우주를 창조했다고 생각하는가?" "당신에게 사랑은 어떤 의미인가?"…… 어떤 이는 "당신이 두려워하는 것은 무엇인가?"라는 질문에 "혼자 남겨지는 것입니다." 대답하고, 또 누군가는 불행을 "절망과 무기력함"이라 말했고, 어느 밴드 가수는 "독자들에게 하고 싶은 질문은 무엇인가?"란 말에 "당신들은 잘살고 있나요?"라고 되물었다. 루마니아의 부쿠레슈티를 떠도는 부랑아에게 "사후세계에 대한 당신의 기대는 무엇인가?" 물었을 때 돌아온 대답은 "지옥에나 떨어지겠죠."였다. 바커바르트는 붉은 소파를 매개로 하여 독특한 방식으로 삶을 둘러싼 질문을 던진다.

바커바르트가 침팬지 행동 연구자 제인 구달에게 물었다.
"당신의 인생을 가치 있게 만드는 것은 무엇입니까?"
쪽 찐 머리처럼 가르마를 탄 백발의 제인 구달은 청바지에 운동화 차림으로 숲속 큰 나무에 놓인 붉은 소파에 턱을 받힌 채 걸터앉아 있었다. 나는 그의 인생을 가치 있게 만드는 일이 침팬지 연구를 통해 종의 기원을 밝힌다든가, 침팬지가 인간으로 발전하지 못한 게 무엇 때문인지, 침팬지만의 독특한 정신세계를 밝혀낼 때라는 등 거창한 무엇인가를 발견했을 때라고 말할 줄 알았다. 하지만 의외로 그의 대답은 단순하고 평범했다.

"친구들과 함께 있는 것을 좋아하는데 함께 와인을 마신다면 더할 나위가 없겠죠."였다.

세월이 꽤 지나서 『붉은 소파』라는 책을 O선생님께 선물로 드린 적이 있다. 불문학자이며 문학평론가인 O선생님은 오래전 프랑스 유학 시절 몸에 밴 문화 탓인지 평소에도 가까운 지인들과 함께 와인을 마시며 담소 나누는 걸 좋아하셨다. 어느 날 내게 전화를 하시더니 좋은 책을 번역했고, 선물로 주어 고맙다며 제인 구달의 행복 법을 보고 기분이 좋으셨다고 말씀하셨다. 선생님의 목소리는 조금 상기되어 있었다. 나는 "아! 네네!"하며 책을 보고 기뻐하시니 감사한다고 인사했다. 그게 그렇게 대단한 기쁨인가 생각하며 『붉은 소파』를 꺼내 제인 구달이 한 말들을 다시 읽어봤다.

"당신의 인생을 가치 있게 만드는 것은 무엇입니까?"

"친구들과 함께 있는 것을 좋아하는데 함께 와인을 마신다면 더할 나위가 없겠죠."

세월을 건너뛰어 다시 음미해 보니 어느 순간 오래 묵은 포도주처럼 말에서 깊은 향이 나기 시작했다. 똑같은 책을 보더라도 기쁨을 얻는 관점은 저마다 다르겠지만 O선생님께서는 평범한 일상에서 기쁨이나 행복, 생의 가치를 찾는 법을 알고 계셨기에 제인 구달의 소박한 행복을 단박에 알아보셨던 것 같다. 인생을 가치 있게 만드는 게 무엇일까? 세월이 지날수록 소중해지는 건 가족과 친구라는 말도 있지만, 마음을 나눌 수 있는 친구와 와인을 마시며 정겨운 시간을 보낼 수 있고, 가족과도 와인 한잔하는 여유와 따뜻한 공간이 있다면 생은 그렇게 불행하지도 않고 쓸쓸할 것 같지도 않다.

커피는
아름다운 질병이다

따뜻한 커피와 스콘 한 조각 있는 오후의 행복

    우연히 알게 된 카페 '슈바빙Schwabing'에서는 무려 열다섯 가지 스콘을 손수 만들어 판다. 다른 스콘도 맛있지만 그중 즐겨 먹는 무화과 스콘과 애플 시나몬 스콘, 크랜베리 스콘, 그리고 버터향 은은한 오리지널 스콘은 그 맛이 일품이다. 스콘 한 조각에 이천 원이니 오후가 행복해지는데 따뜻한 커피 한 잔만 더 있으면 된다. 그런데 커피를 마실 땐 누군가 그리워질 수도 있고, 여행할 때 걸었던 몽마르트르 길 어느 화가의 그림이나 쪽빛 바다로 난 산토리니 골목이 불현듯 떠오를 때도 있고, 햇빛 눈부신 거리를 바삐 지나는 사람들에게 낯선 연민을 느낄 때도 있다. 삶의 에피소드를 생각나게 하는 커피를 탁자 위에 놓으면 잃어버린 여유가 찾아와 빛바랜 책 한 권을 집어 들게 된다. 왠지 커피를 마실 땐 새 책도 좋지만 약간의 우수에 잠길 수 있는 털털한 낡은 책이 좋지 않을까 해서다. 젊은 날 어떤 계시처럼 찾아와 함께 살아가고 있는 책이면 좋을 텐데 무엇이 있을까? '알제리에서 내가 이 책을 처음으로 읽었을 때 나는 스무 살이었다.'라고 고백한 까뮈처럼 쟝 그르니에의 『섬』도 괜찮을 것 같다. 혹시 케케묵은 먼지를 뒤집어쓴 채 유물처럼 곱게 모셔놓은 박영문고 23번 사무엘 베케트의 『고도를 기다리며』를 꺼내, '그래 나도 한때 오지 않는 고도를 기다린 적이 있었어!' 하며 애수에 잠겨도 좋고, 홍대 앞 헌책방 '숨어있는 책'에서 산 1970년대식 비닐 커버로 장정된 김수영 시집 『거대한 뿌리』를 읽으며 카타르시스를 느껴도 좋을 것이다. 따뜻한 커피 한 잔은 오후의 삶을 행운처럼 바꾸어 놓는 마법을 부린다.

"저마다의 일생에는, 특히 그 일생이 동터 오르는 여명기에는 모든 것을 결정짓는 한순간이 있다. 그 순간을 다시 찾아내는 것은 어렵다. 그것은 다른 수많은 순간들의 퇴적 속에 깊이 묻혀있다. 다른 순간들은 그 위로 헤아릴 수 없이 지나갔지만 섬뜩할 만큼 자취도 없다. 결정적 순간이 반드시 섬광처럼 지나가는 것은 아니다. (중략) 나에게 새삼스럽게 이 세계의 헛됨을 말해 줄 필요는 없다. 나는 그보다 더한 것을, 세계의 비어있음을 체험했으니 말이다." 그르니에의 『섬』을 펼쳐 '쏘의 매혹'을 읽었다. 커피를 마시며 내가 읽는 모든 페이지는 실체가 없는 쏘이다. 그럼에도 커피 향에 취한 아편 같은 유혹은 책의 이미지를 내게 각성시킨다. 분명 지금, 여기 탁자 앞에 앉아 책을 보는 건 나이지만 커피를 마시는 행위는 장소도 시간도 아닌 곳으로 데려다 놓고 동경에 찬 보헴으로 변신시킨다. 커피에는 일상에 중독된 나를 죽이고 날아오르게 하는 일정 치사량의 아름다운 독이 있다. 그 독은 어느 과학자도 어느 예술가도 어느 미학자도 밝혀내지 못한, 결코 밝혀낼 수 없는 아름다운 독이다. 오후의 한순간 커피에 중독되는 사람은 아직 꿈을 잃지 않고 자기만의 섬, 자신만의 피난처로 여행을 떠난다. 커피를 마시기 위하여 잠시 하던 걸 멈춘다고 이 세계의 아름다움과 우리들의 행복과 덧없음마저도 사라지지는 않는다. 니체는 바그너를 가리켜 '바그너는 인간이 아니라 질병이다'라고 했다지만, 커피야말로 질병이다. 마음을 잠시 멈추게 하여 낮달을 보게 하고 우주에 총총 박힌 별을 세게 하고 꽃과 바람과 나무 냄새도 맡게 하고 사람과 사람 사이에 미소를 짓게 하는 커피는 우리를 아름다움에 감염시키는 질병이다.

어느 재수 좋은 날에 산 봄 꿈

오래전 광주의 허름한 골동품 가게에서 그림 한 점을 산 적이 있다.

재미있는 것은 여느 골동품 상점과는 달리 이 가게에는 그림들이 꽤 있었고 주인아저씨는 이젤 앞에서 그림을 그려도 나무랄 데가 없을 만큼 예술적인 운치가 있었다. 이야기하다 보니 한국 근현대미술사의 그림에 대해서도 박식한 사람이었다. 선한 인상의 주인이 타주는 커피를 마시며 꽤 오랜 시간 머물렀기에 무엇인가 하나 살 생각을 했다. 먼지가 고풍스럽게 내려앉은 그림 액자들을 만지작거리며 이 그림 저 그림을 보는데 마음을 잡아끄는 작품 한 점이 눈에 들어왔다. 8호쯤 되어 보이는 크지도 작지도 않은 아담한 그림인데 액자도 지금은 만들지 않는 오래전 스타일이고 무엇보다 그림의 예술적 완성도가 높아 보였다.

장사도 안 되어 그런 것인지 오랜 시간 말 친구를 하며 인생사를 털어놓은 정 깊음인지 주인은 5만 원만 내고 가져가라 했으니 액자 값도 안 되는 그림이었다. 나는 이 그림을 무척이나 마음에 들어 했기에 10만 원은 물론 20만 원이나 30만 원을 불렀어도 샀을 테지만 5만 원에 솜씨 좋은 수준급 유화를 손에 넣었으니 횡재한 날이 분명했다.

봄날의 꽃 피는 서정을 단아하고 깊은 색으로 몽롱하게 그린 유화인 이 작품을 잠자는 방 흰 벽에 걸어놓았다. 침대에 누우면 눈과 마주치는 것이 별이 뜬 것처럼 반짝였고 아침에 눈을 뜨면 햇살보다 먼저 그림이 눈에 들어왔다. 골동품 가게나 화랑을 돌아다닌다고 마음에 쏙 드는 그림을 찾기란 쉽지 않다. 그림이 조금 괜찮은 것 같으면 값이 쓸데없이 비싸 눈요기만 하기 일쑤니 그런 그림은 호사가들의 몫이라고 생각했다. 가끔 골동품 가게를 구경하다 보면 이 그림처럼 보석을 찾을 때가 있다. 나목에 흰 꽃들이 몽롱하게 퍼져 나가는 것을 보니 매화 같았고, 나무 아래로 번져가는 꽃 색깔과 땅 색깔, 파란 하늘 색깔도 섬세한 서정시를 보듯 아름다웠다. 좋아하는 화가 중에 서양 현대 미술사에서 가장 뛰어난 색채 화가의 한 사람으로 불리는 피에르 보나르Pierre Bonnard가 있는데 그의 색채가 떠오를 만큼 미적이었다. 내가 이 그림에 〈봄 꿈〉이라는 소박한 제목을 붙인 것도 사계절 내내 봄날의 꿈같은 생동감을 느끼고 싶어서다. 그림 우측 하단에 '85 S. Sook-Kyung'이라고 싸인 된 걸로 보아 이 그림은 '숙경'이란 이름의 화가가 1985년에 그린 작품이다.

어떤 화가이기에 이렇게 아름다운 봄날의 꿈을 그렸을까? 구도며 유화물감의 마티에르matière며 배색에 묻어나는 색과 색의 혼합이며…… 심성이 고운 화가 같았다. 색채를 쓰는 데 있어선 램프 빛에 스민 것 같은 황홀한 색을 쓰는 보나르 같았지만, 생의 아름답고 쓸쓸한 서정을 고독하게 노래한 붓 터치에서는 독일의 여성화가 가브리엘레 뮌터Gabriele Münter가 생각났다. 그림에 이름을 새겨놓은 S. Sook-Kyung이란 화가는 어떤 사람이고 또 무슨 그림을 주로 그렸는지 궁금했다. 생존해 있는 화가라면 한 번 만나 뵙고 싶었다. 이 화가의 그림 컬렉션 전이 열린다면 제일 먼저 가보고 싶었다. 하지만 생은 미지의 길이다. 보인다고 모두 길이 아니고 보이지 않는다고 길이 아닌 것도 아니다. 보이는 것은 보이는 대로 보고 보이지 않는 것은 상상의 힘에 맡길 수밖에 없다. S. Sook-Kyung 이란 화가가 이름을 꽤 날린 예술가였는지 아니면 외로운 영혼의 대지에서 무명 화가로 살았는지 알 수는 없다. 다만 이 화가는 그림을 통해 또 누군가에게 영감을 주었고, 저 그림 한 점에 철학자 칸트가 말한 "무제약적으로 선한" 심성을 그려 넣어 다른 이의 마음에 선해지려는 마음을 심었고, 우주 한 귀퉁이를 아름답게 했으니, 이미 고귀한 화가 반열에 있지 않겠는가. 이 화가의 그림을 몇 점 안 되는 그림 컬렉션 맨 위에 두고 싶었다.

S. Sook-Kyung 이란 화가를 위하여 호아킨 로드리고 Joaquín Rodrigo의 기타곡 〈어느 귀인을 위한 환상곡Fantasía para un gentilhombre〉을 틀었다.

독일의 벼룩시장에서 산
오래된 연필 모으기

연필을 모으게 된 건 독일에서 공부할 때부터다.

주말이면 으레 벼룩시장을 둘러보았는데 독일 사람들이 갖고 나온 물건 중에는 명품 라디오, 커피 잔, 램프, 귀한 책들, 명반으로 꼽히는 클래식이나 팝 LP 음반, 뻐꾸기시계, 무쇠 다리미, 유럽의 이름난 도자기회사에서 만든 청화백자 같은 그릇들, 조각품, 그림 등 없는 게 없었고 하나같이 재밌고 정겹고 귀해 보이는 것들이었다.

그중에는 반세기가 넘은 연필들도 예쁜 생철 필통 안에 들어있었다. 예쁘고 고풍스러워 보이는 그림이 인쇄된 생철 필통 안의 연필들은 빛바랜 종이 포장지로 곱게 싸여 있었고 오랜 세월에도 나무 윤기가 반짝반짝 빛났다. 누구든지 그런 경험이 있지만, 이 생철 필통의 주인 역시 아까워서 새

연필을 쓰지 못했을 수도 있고, 선물로 받은 것이라 책상 서랍 안에 넣고 지내다 보니 못 썼을 수도 있을 것이다. 지금도 마찬가지지만 절약 정신이 뛰어나고 매사에 검소한, 오십여 년 전의 독일인이라면 충분히 그러고도 남았을지 모른다.

이렇게 쓰지 않은 생철 필통 속의 연필들과 생철케이스 안에 든 색연필들은 선 한 번 긋지 않은 상태로 벼룩시장에 나오는 데 한 다스에 600원이나 1,200원 정도니 거의 공짜였다. 연필을 만든 세계에서 제일 오래된 회사가 독일이었으니 그 품질이야 말할 필요 없이 좋았다. 세계 최초의 연필 회사는 1761년 문을 연 파버카스텔이나 실은 이보다 앞서 1662년부터 슈테틀러가 연필을 만들어 팔았다고 한다. 다만 뉘른베르크 길드 규정 때문에 회사 설립이 늦어져, 슈테틀러는 1835년 문을 여는 바람에 세계 최초 연필 회사는 파버카스텔이 되었다고 하지만, 벼룩시장에서 산 이 두 회사의 오래된 연필들은 세월을 건너뛰어 견고하고 부드러운 필기감을 자랑했다.

대개 오래된 연필을 가져와 파는 사람들은 인상 좋은 독일 할아버지나 선하게 늙으신 할머니, 마음씨 좋은 아주머니인데 값도 값이지만, 연필들을 사가는 이에게 따뜻하고 행복한 미소를 덤으로 얹어 준다. 한 다스 연필이 든 생철 필통 안에 인정 깊은 마음을 가득 담아온 기분 좋은 체험이었다.

연필을 쓰면 기분이 좋아진다.

사각사각, 쓱쓱, 끄적끄적 종이에 새겨지는 글씨나 그림, 낙서는 연필로 하는 게 제격이고 하는 일이 잘 풀리지 않을 땐 연필로 종이에 낙서하다 보면 어떤 실마리가 잡힐 것 같다.

연필은 언제나 처음으로 돌아가고 싶은 마음이 들 때 다시 꺼내 쓰는 필기구다. 1910~1920년대 녹음된 전설의 테너 카루소가 부르는 〈돌아오라 소렌토로Torna a Surriento〉를 들을 때처럼, 비록 성공하지 못한 남루한 마음만으로도 어디론가 돌아가 다시 시작하게 해주는 묘한 마력을 갖고 있다.

연필이라는 고색창연 이름은 낡은 것이 사실은 낡은 것이 아니라 우리 내면에서 숨 쉬고 있는 어머니 숨결 같은 것임을 깨닫게 한다. 아주 오래전 고사리 같은 손으로 연필을 꼭 쥐고 선 하나를 긋던 그 순간이 내게도 있었지. 그래, 그때는 무심히 선을 긋고 외계인 같은 그림을 그리고 삐뚤삐뚤한 글씨를 썼지. 피카소보다도 더 멋진 그림이라고 예술적인 글씨라고 모두 칭찬했던 게야. 그런데 지금의 나는 그 손으로 무엇을 하고 있을까. 연필 한 번 잡아 본 건 아득한 옛날 일이고 지금은 그 손으로 침 묻혀 돈을 세는 데 익숙해졌지.

지나온 내 삶을 거울처럼 비춰주는 저 무심한 연필 한 자루.

연필은 초등학교 입학 전에 꿈을 그리던 도구가 아니라 나에겐 지금도 여전히 꿈을 그리는 생각하는 사물이다. 종이 위에 연필로 쓴 검은 흑연의 글씨가 햇빛에 빛나는 걸 보면 나는 검은 보석을 가진 행운아라고 생각한다.

오래된 연필을 모았던 것은 행복했기 때문이다.

연필을 보면 그냥 좋았다. 책장 책 앞에 연필을 펼쳐놓는다거나 자그마한 유리컵에 연필을 가득 꽂아 넣으면 그 뾰족뾰족한 까만 연필심이 무기력해진 내 영혼을 찌를 때도 있고 열정이 식은 심장을 콕콕 찌를 때도 있고 상상의 강 건너편에 있던 내가 생각하지 못한 것들을 불러오기도 했다. 봄이면 연필이 든 유리컵 옆에 노란 프리지어가 담긴 크리스털 꽃병을 두었는데 연필이 꽃처럼 보이기도 했다.

무엇보다 연필을 보고 있으면 마음 한쪽에 동심의 작은 나무가 자라는 것 같다. 내가 쓸데없는 욕심에 빠질 때면 연필이 내 마음의 도화지에 새까만 칠을 하며 말을 한다.

"친구, 그건 흑심黑心이야! 너와는 어울리지 않아!……"

나이를 먹어도 마음 어딘가에 순수함이 남아있는 연필처럼 한결같은 사람을 좋아한다. 세상살이가 팍팍해질 때

연필을 보면 무지개 너머 어딘가로 나를 데려간다. 날아다니는 연필을 타고 가보는 미지는 얼마나 아름다울까!

권태를 권태로
밀고 나가기

정해진 시간에 매일 8시간 이상 글을 쓰다 보면 권태에 빠질 때가 종종 있다.

모든 노동이 그렇지만 글을 써 밥을 먹고 산다는 것도 쉬운 일은 아니다. 그럴 때마다 가끔 빵 굽는 망상을 한다. 글 써서 밥 먹고 사는 게 이리 힘든 줄 알았으면 독일 유학 시절에 빵 굽는 마이스터 자격증을 딸 걸! 하는 생각을 해 본다. 빵 굽는 마이스터 자격증을 따는 일도 어렵기 짝이 없겠지만 안 가본 길에 대한 동경이 그런 생각을 하게 했다. 밖에서 보면 작가라는 직업이 고상하고 폼form 나 보일 것 같지만 문단 안에서 보면 고상한 시인, 고상한 작가 한 사람 만나기 어려운 게 현실이고 그들 역시 밥 먹고 살기 위해 몸부림치는 족속일 뿐이다. 밥이 해결되지 않으면 무슨 일을 하던 폼이

날 것도 없다. 내가 만약 빵 굽는 일을 한다면 건강에 좋은 호밀빵을 만들 것이다. 새벽 3시에 일어나 호밀을 반죽하여 발효시켜 오븐에 구운 거무죽죽한 호밀빵을 누런 종이 봉지에 담아 팔 것이다. 꼭두새벽부터 일 나가는 사람들이 먹을 호밀빵 샌드위치에는 토마토와 두툼한 고다-치즈Gouda Käse와 자색 양파 약간, 싱싱한 샐러리 한두 줄기에 연초록 마음 한 줌도 넣을 것이다. 정직한 노동이 생산한 건강한 호밀빵을 팔며 굶지 않고 살만큼 일하면 족하지 않을까.

  글을 쓴다는 행위를 줄타기하는 광대에 빗대어 생각할 때가 있다. 허공에서 줄 하나에 의지해 묘기를 부리는 광대에게 밧줄은 생명이다. 광대는 굵은 밧줄 위에 올라서서 부채 편 손으로 몸의 중심을 잡으며 묘기를 보이니 기예 예술의 한 정수를 보는 것 같다. 이때 광대는 발바닥에서 느껴지는 촉감만으로 중심을 잡는데 밧줄에서 미끄러지면 생명을 걸어야 하니 이것만큼 정직하고 고독한 노동이 또 있을까? 하지만 글 쓰는 행위는 줄 타는 광대처럼 정직하지 않다. 글이란 것이 근본적으로 문학적 메타포metaphor를 필요로 하고, 낯익은 일상의 세계를 낯설게 보여주는 기예技藝를 담보해야 하고, 선한 가면에 가려진 인간의 민낯을 드러내는 능수능

란함과 아름다움에 대한 형이상학적 물음을 현실에서 미적으로 펼쳐야하니 정직함만으로는 잘 되질 않는다. 나는 글을 쓰는 동안 권태가 창을 두드릴 때 호밀과 소금과 물을 반죽하여 정확한 시간에 맞춰 호밀빵을 구워내는 정직한 빵 마이스터와 허공에서 밧줄에 올라타 생의 광휘를 발산하는 고독한 광대의 노동을 생각한다. 호밀빵을 굽듯 자신의 생을 반죽하는 빵쟁이와 생명을 걸고 고독한 줄타기를 하는 광대의 생을.

 호밀빵을 굽는 빵 마이스터와 광대에게 고독과 권태가 밀려올 때면 그들은 어떻게 했을까?
 사막을 걸어가듯 보이는 것이라곤 풀 한 포기 없는 모래밭에서 기진맥진해진 것처럼 그날이 그날 같은 무기력한 일상. 희망을 물고 오는 새는 어느 강가에 잠시 앉아 목을 축이고, 어느 산등성이 너머 무지개다리에서 숨을 고르는지 아무도 모른다. 중요한 것은 언제 올지 모르는 새가 아니라 나 자신이다. 호밀빵을 굽는 빵 마이스터와 광대는 어떻게 권태를 극복했을까?
 권태를 이기는 법은 그럼에도 불구하고 권태를 권태로 밀고 나가는 일이다.

당근꽃에 대한 예의

　뒷산 숲길 산책을 마치고 내려오는 산비탈 채마밭은 나의 식물도감이다.

　숲만 살아있는 식물도감이 아니고 성성한 푸성귀 자라는 밭도 아름다운 식물도감이다. 봄이 오면 손바닥만 한 밭에라도 농부들은 씨앗을 뿌리거나 모종을 옮겨 심느라 분주하다. 제비꽃이 필 무렵이면 밭이랑을 따라 흰 완두콩 꽃도 피고 연보랏빛 무꽃도 봄바람에 하늘거린다. 상추꽃, 깻잎 꽃은 어딜 가도 지천이고 머지않아 여름이 가까워지면 진보랏빛 가지꽃, 아주 작고 흰 우산을 쓴 것 같은 고추꽃, 노란 토마토꽃, 쑥갓꽃이 자라는 것도 볼 수 있다. 한 줌의 흙만 있어도 땅이 위대해 보이는 것은 생명을 키워 또 다른 생명을 살게 하기 때문임을 뒤늦게 배우는 중이다. 뒷산 산책을 오가며 밭 구경을 하는 재미가 쏠쏠한 어느 날 이상한(?) 꽃을 보았다.

  희고 눈부신 작은 꽃들이 다닥다닥 모여 꽃의 여왕처럼 생긴 모양이 해바라기처럼 컸다. 강인한 생명력을 자랑하듯 곧추 자란 줄기가 2m나 되는 이 꽃의 정체는 무엇일까? 발걸음을 멈추고 곰곰이 생각했다. 십여 년 가까이 봄마다 이 밭길을 지나 숲을 드나들었지만 처음 보는 정말, 이상하게 생긴 꽃 앞에서 한참을 머뭇거렸다. 이게 무슨 꽃일까? 식물도감에도 잘 나와 있지 않아서 숲으로 산책 가는 길에 무작정 밭에서 농부를 기다리기로 했다. 숲에 갈 때면 바지 주머니에 문고판 책을 넣고 오는데 헨리 데이비드 소로의 『달빛 속을 거닐다』가 들어있었다. 바위에 앉아 책을 보는 기분이 상쾌했다. "……나는 길든 사람이 아니라 야성적인 사람을 이웃이나 친구로 사귀고 싶다. 착한 사람들이나 연인들은, 야만인의 야성 못지않은 격렬한 열정을 보인다.……" 라는 소로의 말이 인상적이었다. 나도 길든 사람이 아니라 야성적인 내면을 지닌 착한 사람을 친구로 사귀고 싶었다. 산에서 초록 바람이 솔솔 불어왔고 산등성이 너머 뭉게구름도 보였다. 무당벌레가 잎에 앉았다가 작은 날개를 펴고 비상하는 것도 삶에 활기를 주었다.

 드디어 흰 수건을 머리에 두른 아주머니가 오더니 그 이상한 꽃이 핀 밭으로 들어갔다. "아주머니, 이 꽃 이름이 뭐예요?" 아주머니는 나를 한 번 쳐다보더니 "당근꽃이여! 당근!" 하시며 당근도 모르는 사람 다 봤다는 투로 싱겁게 웃으셨다. 깜짝 놀란 내가 "당근이요? 먹는 당근이요?" 하고 재차 물으니 약간 높은 말투로 "그렇당께!"란 말이 돌아왔다. 아주머니는 그 말을 하자마자 여왕의 자태 같은 희고 큰 당근꽃 줄기를 한 손으로 잡더니 단박에 "뚝!" 꺾는 것이었다. 나는 심장이 떨어지는 것처럼 깜짝 놀랐다. 아름다운 꽃은 땅바닥으로 팽개쳐졌다. "아니! 그 꽃은 왜 꺾으세요?" 나는 마치 그 꽃의 주인인 양 목청을 돋우어 말했다. "요로콤 꽃이 피면 당근 맛이 없어진당께!" 아주머니 말은 명료했다. 나는 흙에 뒹구는 당근꽃을 주워들고 집으로 가서 화집 책갈피에 넣고 그 위에 무거운 책들을 잔뜩 놓았다. 시간이 지나면 책갈피에선 꽃의 화석이 생길 것이다. 당근꽃도 모르고 당근을 먹었다니! 이 아름다운 채소에 경의를 표하며 말했다.

 "사랑한다. 당근꽃!"

상처를 바느질하여
지은 삶이 아름답다

그리그의 〈솔베이그의 노래〉는 우리에게도 잘 알려진 아름답고 슬픈 곡이다.

음악극 〈페르귄트〉는 잘 몰라도 페르귄트 모음곡 26번째 곡인 〈솔베이그의 노래〉는 학창 시절 음악 시간에도 배울 정도니 누구에게나 마음 한구석에 남아있는 노래일 것이다. 노르웨이의 피오르 따라 흐르는 쪽빛 물결과 빙하 호수, 만년설의 풍광, 투명한 사파이어 빛 하늘, 기암절벽 아래 펼쳐진 드넓은 들녘에 핀 야생화들 그리고 그 어딘가에 있을 오두막에서 하얗게 세어버린 머리로 헌 옷을 깁고 있을 솔베이그! 지고지순한 여인의 사랑 이야기가 서정 깊은 쓸쓸함으로 울리는 이 노래를 들으면 가슴 한쪽이 아련해지는 사람이 적지 않을 것 같다.

〈솔베이그의 노래〉를 들을 때면 그녀가 바느질한 게 낡은 옷이 아니라 상처였을 것으로 생각했다. 청순한 소녀 솔베이그 머리가 하얗게 세어버릴 세월이라면 그 기다림은 시간에 덧난 상처를 깁지 않고서는 살기 어려운 한 우주가 지나가는 침묵이 있지 않았을까? 음악이 아름다운 것은 선율이나 노래를 부른 가수의 목소리, 곡에 영감을 준 시에 더해 자기의 삶을 헤아려보게 하기 때문이다.

누구에게나 삶이 내준 상처가 있고 누구든지 그 상처로 살아가는 게 삶일 것이다.

삶은 상처로 지은 집이며 사람은 그 집에서 평생을 살아간다. 나에게도 마음속 나뭇가지가 꺾인 상처가 하나 있다. 대학에 자리 잡고 싶었지만 그렇지 못한 것이다. 학생들 가르치는 게 좋았고, 홍대 미술대학이나 교양학부, 대학원에서 겸임교수로 강의할 때 학생들이 평가하는 것도 늘 우수했으니 아쉬움이 컸다. 홍대같이 예술을 숭상하는 학교에 〈대중예술의 이해〉란 과목이 없는 걸 보고 그 과목을 처음 개설한 것도 나였고, 수강 학생이 200명 넘게 몰려들어 더 수강 신청을 할 수 없는 학생들은 다음 학기를 기약하기도 했었다. 독문과 4학년 2학기 차 여학생은 지금까지 많은 리포트를 썼지만 내가 내준 숙제가 이 학교 들어와 가장 어려운 리포트였다며 하지만 가장 큰 도움이 됐다는 감사의 메일을 보내오기도 했다. 대학원에서 강의할 때 그 유명한 미학과 대학원생들이 내 수업을 들으러 몰려온 적도 있었다. 지나고 보면 모두 아름다운 추억이고 감사한 일이다.

내가 부족해 대학에 자리 잡진 못했지만 대신 부끄럽지 않은 글쟁이가 되자고 다짐했고 죽을 각오로 아름답고 사유 깊은 산문을 쓰자고 또 다짐했다. 내는 책마다 잘 팔리진 않았지만 첫 산문집 '오래된 사물을 보며 예술을 생각한다.'란 부제가 붙은 『나의 고릿적 몽블랑 만년필』(2011)은 그해 우수 문학 도서에 선정되었고, 창이란 사물을 미적으로 접근한 벽돌 두께만 한 두 번째 산문집 『창에는 황야의 이리가 산다』(2016)는 '전숙희문학상'(2017) 수상의 영예를 안겨주었고, 생텍쥐페리의 『어린 왕자』를 생각하며 독일 유학 시절부터 상상하고 준비해온 '모든 세대를 위한 메르헨' 『바오밥나무와 방랑자』(2020)는 세 번째 작품집인데 2021년 우수 문학 도서에도 뽑혔다. 이 책은 현재 프랑스에서 번역 중이다. 프랑스의 유명한 문예지 『유럽Europe』에서 오랫동안 서평을 쓰는 문학비평가(Michel Ménaché)가 『바오밥나무와 방랑자』를 보더니 "매우 진지하고, 깊이 있으며, 흥미로운 작품"이라고 평하며 몇몇 출판사까지 추천해주었다 하니 기쁘고 감사할 뿐이다. 며칠 전에는 정말 고마운 소식이 또다시 날아들었다. 1923년 로맹 롤랑에 의해 창간되어 아라공, 엘뤼아르 같은 시인이 편집위원을 했다는, 프랑스에서도 가장 지적이고 오래된 그 문예지 『유럽Europe』에서, 『바오밥나무와 방랑자』에 들어있는 첫 번째 텍스트 「유리병 속의 꿈을 파는 방랑자」를 게재하기로 결정했다는 것이다. 그리고 네 번째 산문집 『창의 숨결, 시간의 진동』이 조선 시대 실학자 성호 이익 선생을 기리는 '성호문학상 대상'(2021)을 수상하니 더 겸허하게 좋은 글을 써야 한다는 다짐을 하게 한다.

나의 일과는 정해진 시간에 '고독하게 자유롭게' 글을 치열하게 쓰곤 오후에 뒷산 숲으로 산책을 가서 두어 시간 걸으며 하늘과 나무와 꽃과 길, 풀, 돌, 새를 본다. 특히 봄이면 온 산을 누비며 무엇에 홀린 사람처럼 제비꽃 사진을 찍는다. 그러면서 벌레들도 보고 새들도 눈여겨보고 초록빛 나뭇잎도 보고 나무 그늘도 보고 햇빛의 무늬도 보며 나무에 기대 해거름 지는 풍경을 보다가 집으로 돌아온다. 글을 쓰는 시간만큼은 쇠를 두드리는 대장장이처럼 글을 두드리고 철근을 휘는 구릿빛 팔뚝의 노동자처럼 일한다. 책을 쓴다고 밥이 해결되진 않지만 그 허기짐이 또 생을 밀고 가게 한다. 작가로서 나는 행복한 꿈꾸기를 멈추지 않고 꿈을 글로 쓸 수 있으니 생에 감사하는 마음이다. 언제부터인지 대학에 얽매이지 않았다는 게 정말 잘 된 거라는 생각을 하게 됐다. 상처가 나를 바로 보게 했고 대학에 자리 잡지 못한 상처가 오히려 좋은 글을 쓰게 했다. 학교에 얽매여 있었다면 통장 잔고는 늘어갔겠지만 나 자신에게 작가적 자긍심을 심어준『바오밥나무와 방랑자』같은 상상력 풍부한 모든 세대를 위한 동화는 결코 쓰지 못했을 거란 생각이 들었다. 상처는 전화위복의 밑거름이고 새옹지마는 상처의 흔적일 뿐 꿈은 꽃처럼 개화의 순간을 기다리고 있다. 내 글이 사람들의 상처 난 마음을 덮어주는 포근한 이불 한 채가 되었으면 좋겠다.

한여름 밤의 꿈,
함부르크 푸른 공기 극장

   북독일 함부르크 광장은 젊은이들이 떠드는 소리와 그들의 푸르른 입맞춤으로 싱그럽다.

   남청색의 햇살 사이로 불어오는 바람은 옷깃을 헤치며 영혼을 얽맨 끈을 슬그머니 풀어놓고 간다. 청춘 남녀들은 끼리끼리 바닥에 앉아 준비해 온 빵과 소시지를 먹으며 맥주를 마신다. 저녁 8시 반이건만 아직 한낮 같은 광장으로 담요를 안고 걸어오는 사람들, 유모차를 옆에 두고 포도주를 마시는 젊은 부부, 시인 하이네 동상 앞에 앉아 대화를 나누는 금발의 모녀, 연인의 배를 베개 삼은 청년, 매트에 엎드려 책을 읽는 여자, 돌바닥 위에 벌렁 누워 구름을 보는 소년은 헤세의 소설 『페터 카멘친트』에 나오는 순정한 주인공 페터 같다.

오늘은 시청 광장에서 영화를 보는 날이다. 여름이 찾아들면 시청은 시민들에게 7일 동안 무료 영화를 제공한다. 독일의 어디를 가도 그 도시에서 가장 아름답고 웅장하고 오래된 건축물 중 하나가 시청사라서 오가는 사람들은 광장에 머물며 발길을 쉬곤 한다. 여행자는 노천카페에 앉아 한 잔의 커피를 마셔도 좋고, 그리운 사람에게 엽서를 띄우기도 하고, 우두커니 지나온 시간들을 반추하기에 좋은, 불어오는 바람만으로도 자유로운 광장의 푸른 공기를 맛볼 수 있다.

영화가 막을 올리려면 아직 한 시간 반이나 더 남았다. 나는 군중 속에서 밀려오는 고독감에 길을 서성이는 방랑자처럼 하늘을 보았다. 노을에 물들어가는 구름과 고풍스러운 건물과 사람들. 나는 무엇 때문에 독일까지 왔을까. 시간의 불확실성 속에 나의 삶도 미완성으로 남을 텐데. 저편에서 바이올린을 켜는 집시처럼 나 역시 생의 시간들을 연소시키는 것은 아닌지. 우울한 감상을 헤집고 막간을 메우는 노래가 광장에 흘러든다. 가설 스크린 뒤에서 들려오는 밥 딜런의 〈Blowing in the Wind!〉 순간 파도 같은 흥겨운 율동이 일고 즐거워하는 사람들의 분위기를 타고 존 바에즈, 톰 존스의 노래가 줄을 잇는다. 밥 딜런에 존 바에즈, 톰 존스라

행복의 속도

니, 나는 신화 같은 이 사람들이 우리와 동시대를 산다고 믿지 않았는데, 시간의 반역 같은 시간의 체험에 잠시 당황했다. 초등학교 4학년 때 내 짝꿍은 톰 존스의 〈딜라일라〉를 원어로 불러댔다. 나는 감정을 흠뻑 넣어 부르던 그 노래가 멋있어 보여 그 녀석 뒤를 졸졸 따라다녔다. 〈딜라일라〉를 배우고 싶은 생각에 주머니를 털어 떡볶이와 맛탕과 아이스께키로 그 녀석을 꼬드기던 어느 날, 내 짝꿍은 미안했던지 〈딜라일라〉를 가르쳐주겠다고 했다. 한 꼬맹이는 책받침을 낀 공책에 연필로 받아쓰고, 다른 꼬맹이는 마치 셰익스피어의 햄릿 한 구절을 낭송하듯 중얼거리며 영어 노랫말을 불러주었다. 우리는 그때 청와대 옆 청운초등학교 4학년이었고 흰 카라가 달린 자주색 교복을 입고 있었다. 운명의 장난인지 철들며 그 노랫말을 알았을 때는 풋사랑부터 꼬인다는 것을 직감했고 굵고 검은 테 안경에 흰 와이셔츠 차림으로 〈딜라일라〉를 부른 청년 조영남도 사랑이 비틀은 인생을 살고 있다. 포스터를 보니 그 톰 존스 할아버지가 지금 독일 순회 공연 중이고 밥 딜런 삼촌도 가을에 함부르크 공연이 있다니……

북구의 여름은 밤 10시가 되어야 어둑해진다.

드디어 기다리던 영화는 막을 올리고 시끌벅적하던 광장은 비로소 영화 속의 침묵에 빠진다. 눈썹 같은 하얀 달이 걸린 밤, 사람들은 담요를 덮거나 어깨를 기대고 비스듬히 앉아 깊은 꿈을 꾼다. 젊은이들에게 공짜만큼 신선한 자유가 또 어디 있을까! 나는 영화를 보다 말고 자리에서 일어나 걷다가 청동색 지붕이 보이는 하이네 동상 앞에 누웠다. 사랑과 혁명을 꿈꾸던 시인 하인리히 하이네. 한 손을 턱에 받친 채 상념에 잠긴 시인의 동상 아래서 푸른 꿈을 꾸고 있는 사람들이 환해 보였다. 돌바닥에 앉아 손을 꼭 잡은 할머니 할아버지와 함부르크 시장과 히피 차림새의 남과 여, 연인들, 맥주를 마시는 사람들이 보였다. 꿈이 아름다운 것은 사람이 순연한 마음을 가질 수 있어서일까. 영화를 보는 사람들 머리 위에 한여름 밤의 별들이 쏟아져 내리고 있었다. 그리고 내 눈에는 은색의 별빛이 꿈을 꾸는 사람들 마음에 들어가 무지개색의 빛나는 결정으로 환원하여 다시 밤하늘의 별이 되고 있었다.

영화는 상상력의 공간을 지나가는 기차처럼 세상에 존재하는 풍경들과 진행형인 우리들의 이야기와 사라져 간 풍경들을 삶 속에 용해하여 보여주는 낯선 창문 같다. 그 창 너머 지나가 버린 시간들을 기웃거렸다. 아름다운 것들은 아쉬움에서 자리하며 짧게 빛났다 사라지는, 우리 눈에 잘 안 보이는 추억으로 존재했다. 나는 그리운 사람을 떠올리듯 섬처럼 떠 있는 광장을 보았다. 영화는 클라이맥스를 지나 차츰 어둠 속의 묵언에 귀를 기울이게 한다. 광장에 모여 영화를 보는 사람들의 풍경이 삶의 행위예술 같았다. 삶의 여유가 묻어나는, 소소한 일상의 행복 같은.

에스키모인의 마음에 생긴
하얀 섬을 생각했다

에스키모인들의 걷기

    오랜 세월 정세진 아나운서가 진행하는 KBS 클래식FM 〈노래의 날개 위에〉를 듣다 보면, 삶이, 시간이, 되돌아오지 않을 노래의 은빛 날개를 타고 먼 곳을 여행하는 것이란 생각을 한다. 시간의 점선 위를 여행하는 삶에서 애청하는 라디오 프로 하나쯤 있다는 건 소소한 행복이며, 이 시간만큼은 잠시 바쁜 일상을 멈추고 낯선 곳으로 상상의 날개를 펴게 하는 묘약이 되어준다. 여느 때처럼 라디오에서 흘러나오는 '노래의 날개 위에' 따라 정세진 아나운서의 영혼에 말을 거는 것 같은 아름다운 목소리가 들려왔다. "에스키모인들은 부정적인 마음이 생기면 무조건 걷는다고 합니다. 그리곤 부정적인 마음이 조금 걷히면 그 자리에 막대기를 꽂고 돌아온다고 합니다……" 나는 하던 일을 멈추고 순간 얼어붙었다. '세상에, 그런 철학적인 종족도 있다니!……' 아나운서 멘트도 끝나고 노래가 나왔지만, 에스키모인의 그 신기한 '무조건 걷기'가 머리를 떠나지 않았다.

 나는 눈 덮인 우주를 걸어가는 낯선 에스키모인을 상상했다. 바다표범 가죽으로 만든 옷에 털이 북슬북슬한 모자를 쓰고 눈신발을 신고 천천히 만년설 덮인 벌판을 걷는 에스키모인은 무슨 생각을 하고 있을까? 막대기 하나 들고 빙야를 걸어가는 설인이 어떤 철학자보다 더 철학자다워 보였다. 부정적인 마음이 생기면 무조건 걷는다는 그 길 없는 길에는 따뜻한 커피를 마실 수 있는 카페가 있을 리 만무하고 허름한 선술집이 있어 소주 한 잔에 설움을 달랠 수도 없을 것이다. 밤거리의 휘황한 불빛과 거리를 오가는 사람들 속에서 약간의 위로도 받을 수 없을 것이며, 누군가에게 전화를 걸어 속마음을 털어놓을 수도 없으니 그야말로 고립무원의 외톨이일 것이다. 숲도 보이지 않을 테니 나무 벤치 길 의자에 앉아 새 소리를 들으며 사색도 할 수 없고, 간이역에서 기차표를 끊어 무작정 떠날 수도 없고 털털거리는 버스에 몸을 싣고 창밖을 구경할 수도 없으니 이런 삶이 또 어디 있으랴!

끝도 보이지 않는 은빛 설원을 걷다 막대기를 꽂고 돌아온 에스키모인 마음에는 섬 하나 생겼을 것만 같다. 부정적인 마음을 숙고하며 또는 아무 생각 없이 허파에 숨이 차오를 때까지 걷다 보면 "사는 게 뭐 별거라고!" "저 만년 설원 좀 봐! 눈이라고 언제나 햇빛에 반짝이는 건 아니야. 눈은 말이야, 어느 순간 허물어지며 계속 쌓여. 눈 속에 겹겹이 쌓인 눈도 한 번쯤 생각해줘! 삶이란 설움과 좌절과 상처마저 겹겹이 포개며 살아가는 거잖아. 그까짓 부정적인 마음일랑 만년빙 속에 묻으며 걸어봐. 그러면 어느 순간 빙하기 적에 이 길을 걸었을 매머드 한 마리 볼 수 있을 거야. 온몸이 갈색 털로 뒤덮인 매머드가 환상 속으로 걸어오며 굵고 나선형으로 휘어진 거대한 엄니에 난 상처를 보여 줄 거야. 존재하기 위하여 투쟁한 상처 말이야!……" 막대기를 꽂고 돌아오는 에스키모인의 마음에 생긴 하얀 섬을 생각했다. 섬이긴 한데 하얀 충만으로 가득 찼을 보이지 않는 거대한 섬!

달빛 내리는 로렌부르크 중세 성곽에서
〈릴리 마를렌〉을 불러주던
파란 눈의 이졸데 선생님

　독일의 벼룩시장에서 산 오래된 사물들을 보며 예술을 생각했던 『나의 고릿적 몽블랑 만년필』 책을 내고 나서 방송에 나간 적이 있다. SBS-FM 라디오 〈아름다운 이 아침 김창완입니다〉라는 프로인데, 인터뷰 끝에 진행자가 신청곡을 물었을 때 엉겁결에 대답한 게 마를레네 디트리히의 〈릴리 마를렌〉이었다. 신선한 아침에 하필 마를레네 디트리히였고, 우수를 자아내는 〈릴리 마를렌〉이라니! 무의식적으로 왜 그 노래를 말했을까. KBS 클래식 FM을 틀어놓고 있다 보면 〈트리스탄과 이졸데 Tristan und Isolde〉 음악을 심심치 않게 들을 수 있다. 칼 뵘이 지휘하고 소프라노 비르기트 닐슨이 노래하는 3막 '사랑의 죽음'이 자주 나오는데, 그때도 이졸데 이름이 들려오면 불현듯 〈릴리 마를렌〉이 떠오른다. 내 안의 센티

멘털리즘 때문일까, 아니면 향수 때문일까, 그것도 아니면 낯 모를 그리움 때문일까. 어쩌면 누구나 간직하고 있을 추억이 아름답게 남아있어서 그럴지도 모른다.

  로렌부르크 괴테 인스티투트에서는 독일의 언어와 문화를 배우러 각 나라에서 온 학생들을 위하여 주말에는 여기저기를 둘러보게 해 주었다. 그중에서 가장 인상 깊었던 것이 숲으로 떠나는 1박 2일간의 자전거 여행이다. 자전거 문화가 발달한 독일에서는 자전거 여행이 일상처럼 되어 있었다. 자전거 뒤에 먹을 것과 마실 것, 여벌 점퍼를 넣은 ㄷ자형 백을 장착하고 괴테 선생님들과 함께 여행길에 오르면 된다. 남독일의 역사 깊고 동화 같은 소도시를 가로질러 숲으로 질주하는 자전거 여행은 숲 속에 버려진 헨젤과 그레텔을 찾으러 가는 것처럼 판타지 가득했다. 내게 버킷리스트가 있다면 아마도 남독일의 슈바르츠발트Schwarzwald를 자전거 여행하는 게 맨 앞에 있을지도 모른다. 슈바르츠발트는 라인강과 도나우강을 끼고 있는 독일 남서부 바덴뷔르템베르크주의 아름다운 숲과 산악을 지칭하는데, 우리에게 잘 알려진 대로 숲이 울창하여 '검은 숲Schwarzwald'이라 부른다. 나무들이 울창한 숲 속을 자전거로 여행했던 일은 지금 생각해도 가슴 벅차고 싱그러운 기운을 심어준다. 이졸데 선생님은 자전거 여행이 일상화되어 있어서인지 숲속 산등성이도 자전거를 타고 올라가는 괴력(?)을 보여주었다. 청순가련형 스타일인 이졸데 선생님의 자전거 타기 신공에 그만 나는 입이 쩍 벌어지고 말았다.

  카메라를 휴대하는 습관 때문에 자전거 여행에서 이졸데 선생님 사진도 찍어줄 수 있었다. 괴테 인스티투트에서 독일어를 가르치는 이졸데 선생님은 독문학과 역사학, 미학을 전공한 사람으로 차분한 이미지였다. 멀리서도 뷰파인더를 통해 앵글을 돌릴 때마다 그녀도 내 카메라 초점이 자신을 향하는 걸 느꼈는지 부끄러워하면서도 고운 미소를 지어주었다. 나는 그녀가 미와 선을 지닌 선생님이라고 생각했다. 아도르노는 '미는 존재하지 않는다. 왜냐하면 그것은 더 이상 아름다운 것이 아니기 때문이다.'라고 했지만, 난 미가 존재하지 않고 더 이상 아름다운 것이 아니기 때문에 더 아름답다고 생각한다. 이졸데 선생님처럼 존재하지 않는 미를 보여주는 사람도 있으니 말이다. 미는 도발적인 것이며 미는 유혹적인 것이며 사람을 낯선 영역으로 유혹하는 마법을 지녔다. 불협화음 가득한 이 세계에서 미적인 것은 우리를 전율케 한다.

  로텐부르크에서 함께 공부하며 친하게 지내던 유학생 부부가 김밥을 만들어 이졸데 선생님과 나를 초대했다. 식탁 위에 촛불을 밝히고 프랑켄 와인을 곁들인 저녁 식사에서 김밥과 김치를 처음 먹어 본 이졸데 선생님은 맛있다며 매우 즐거워했다. 우리는 주로 독일과 한국의 문화 차이에 대해 웃으며 이야기를 나눴다. 내가 프리드리히 니체와 라이너 마리아 릴케의 시와 잉게 보르크 바흐만과 브람스를 좋아한다고 했을 때 그녀의 눈동자가 반짝이는 것을 보았다. 이졸데 선생님은 문학과 미학 전공자라서 그런지 내가 글을 쓰는 작가라는 데 놀라워했고 독일에서 하려는 공부에 대해서도 많은 관심을 보였다.

  이졸데 선생님이 자기 차로 나를 집까지 바래다준다고 했을 때 중세가 온전히 느껴지는 로텐부르크의 밤이 너무 아름다워서 우리는 차를 타고 가다 멈춰서 산책을 했다. 은연한 달빛 덮인 고요한 밤, 성곽 길을 걷다 말고 갑자기 이졸데 선생님한테 노래를 불러달라고 장난을 쳤다. 밑도 끝도 없이 마를레네 디트리히가 부른 〈릴리 마를렌〉을 불러 달라고 하니 이졸데 선생님은 깜짝 놀라서 웃다가 가사도 끝까지 모른다고 했다. 나는 짓궂게도 달님과 별님이 듣고 싶어 하니 노래를 해야 한다는 말도 안 되는 부탁을 했다. 고요한 성곽으로 내려오는 달빛이 이졸데 선생님의 금빛 머리카락에 쌓이고 있었다. 깊어가는 저녁 무렵 미소 지으며 작은 소리로 노래하는 이졸데 선생님의 파란 눈이 달빛에 떨리는 게 보였다.

타우버강에서 불어오는 미풍 사이로 중세 성곽 밤하늘에 뜬 별빛 사이로 이졸데 선생님 노래가 가만가만 청아한 소리를 내고 있었다. 가사를 잘 모르는 대목에선 미안해하는 표정을 지으며 허밍으로 노래 부르다 다시 가사를 이어가는 이졸데 선생님 얼굴은 점점 홍조를 띠며 클라이맥스를 지나가고 있었다. 별똥별 하나가 남녘으로 떨어질 무렵 노래를 끝낸 이졸데 선생님은 환한 표정 속에 수줍은 미소를 지었다. 난 이졸데 선생님을 향해 고개 숙여 마음의 인사를 했다. 공기와 바람이 지나기 좋은 적당한 거리를 두고 우리는 서로의 눈동자에 별이 빛나는 것을 보았다.

생각보다 일찍 로렌부르크를 떠나게 되었다. 함부르크 대학에서 기쁘게 입학 소식을 전해왔다. 독일 와서 처음 살게 된 이 아름다운 중세 도시와 그리운 추억 깃든 정든 곳을 떠나는 건 슬프지만 어쩔 수 없었다. 미지의 삶이 역동적으로 펼쳐질 함부르크가 나를 기다리기 때문이다. 이졸데 선생님이 집으로 식사 초대를 했지만 그 약속도 지키지 못하고 함부르크로 떠나야 했다. 로텐부르크를 떠나기 전날 괴테 근처 노천 카페테라스에서 이졸데 선생님을 만났다. 소설가 박완서 선생님과 티베트를 갔을 때 사진을 찍어 박완서 글, 민병일 사진으로 함께 펴낸 책 『모독』과 빈 콘체르트하우스가 연주한 〈모차르트 클라리넷 5중주〉와 〈브람스 클라리넷 5중주〉가 담긴 CD를 이졸데 선생님한테 선물했다. 사인을 한 책과 함께 마음이 고적할 때 자주 들었던 명반 CD를 정표로 드린다고 했다. 이졸데 선생님 파란 눈이 조금 쓸쓸해 보였다.

함부르크에서 생활할 때 마음만 먹으면 고속철도 이체에 ICE를 타고 대학도시인 뷔르츠부르크로 가서 이졸데 선생님을 만날 수도 있었지만 십여 년 가까이 서로를 까맣게 잊고 지냈다. 서울에서 선배 작가 두 명이 왔을 때 중세 도시를 보여주려고 로텐부르크를 찾게 되었다. 프랑크푸르트 중앙역에서 승용차로 로텐부르크를 찾아가며 일행에게 이졸데 선생님 얘기를 했더니 건달 둘은 눈을 동그랗게 뜨더니 마치 자기 애인이라도 만날 양 즐거워했다. 드디어 로렌부르크에 도착하자마자 나는 마귀 같은 건달들에게 등 떠밀려 괴테로 가서 이졸데 선생님 전화번호를 물어보았다. 공중전화 박스에서 다이얼을 꾹꾹 누르는 손에 힘이 들어갔다. 신호가 떨어지고 깜짝 놀란 이졸데 선생님의 목소리가 들려왔다. 로렌부르크 괴테 앞이라고 하자 조금만 기다리라고 곧 나오겠다는 목소리가 상기된 톤으로 조금 떨리고 있었다. 저만치서 금발의 파란 눈을 한 이졸데 선생님이 씩씩하게 걸어오고 있었다. 우리는 보자마자 누가 먼저랄 것도 없이 반갑게 포옹으로 인사를 했다. 십여 년만의 해후였다. 이졸데 선생님도 나도 예전 모습 그대로였다. 멀겋게 쳐다보던 건달들은 멀뚱멀뚱한 표정으로 이졸데 선생님과 악수로 인사를 했고 난 한 사람 한 사람 소개를 했다. 두 건달이 시내를 둘러보는 동안 이졸데 선생님과 나는 노천 카페테라스에서 커피를 마시며 못다 한 이야기를 했다. 대화할 때 나는 그녀를 이졸데라 부르고 그녀는 나를 병일이라고 불렀지만 내가 말끝마다 존칭을 쓰니 이졸데 선생님은 자기를 두Du라고 호칭하라고 정정했다. 친구처럼 가까운 사이일 때 너du를 쓰는데 이졸데 선생님은 나를 편한 친구처럼 생각하는 것 같았지만 나에겐 그녀가 선생님이었던지라 호칭을 그렇게 했었다. 물론 나이로야 내가 그녀보다 훨씬 위였지만 그땐 워낙 내가 동안이어서 이졸데 선생님은 나를 친구처럼 여겼다.

다시 헤어질 시간이 되자 이졸데 선생님 눈동자가 조금 슬퍼 보였다. 선배 작가가 이졸데 선생님 얼굴을 보더니 다시 나를 쳐다보며 "야! 이졸데 선생님 울 것 같다. 안 되겠다. 우리 먼저 갈 테니 병일이 너는 나중에 와라!" 하며 차를 몰고 출발하는 게 아닌가! 나는 순간 어–어 하는 표정으로 있다가 이졸데 선생님을 뒤로 하고 차를 쫓아 달려갔다. 선배 작가는 차를 세우곤 어이없다는 표정으로 "이졸데 선생님을 두고 오면 어떡하냐!"라고 했고 백미러로 보이는 이졸데 선생님은 도로 위에 서서 힘없이 손을 흔들고 있었다.

그것이 이졸데 선생님과 두 번째 헤어짐이고 그녀가 두 번째 눈물을 흘린 이유다. 그 이후로 또 적지 않은 세월이 흘렀지만 세 번째 해후는 아직 이뤄지지 않았다. 삶은 내 의지로 어찌할 수 있을 때보다 어찌할 수 없을 때가 더 많다. 내가 이졸데 선생님을 좋아했는지 혹은 이졸데선생님이 나를 좋아했는지 그것 역시 아무도 모른다. 하지만 설령 누가 누구를 좋아했더라도 그건 중요한 게 아닐 것이다. 미망한 길 찾기 같은 생에서 누구를 좋아하는 일 역시 미망한 일이기 때문이다. 중요한 것은 누구나 간직하고 있을 삶의 매듭마다 간직된 아름다운 추억이다. 생에 각인된 추억의 매듭이 연속되는 게 삶일 테니까. 가끔 마를레네 디트리히가 부르는 〈릴리 마를렌〉이 '세상의 모든 음악' 프로에서 전파를 타거나, 리하르트 바그너의 〈트리스탄과 이졸데〉가 '김미숙의 가정음악'이나 '명연주 명음반' 프로에서 호명될 때 슬그머니 웃음이 나온다. 세월이 많이 지났지만 지금보다 좀 더 순수했고, 지금보다 훨씬 더 열정적이었던 또 다른 내가 떠오르기 때문이다. 누군가를, 무엇인가를 반추한다는 것은 단순히 옛날을 회상하는 게 아니라 나를 그 시절로 달려가 못다 이룬 꿈을 꾸게 하는 마력을 발휘한다. 나는 그때나 지금이나 꿈을 꿀 때만 존재하는 이상한 존재 방식의 삶을 산다. 노르웨이의 괴레 인스티투트로 갈 것 같다던 이졸데 선생님 역시 꿈의 마력을 믿는다고 했다. 세상이 다시 좋아지면 에드바르트 뭉크를 찾아 북구로 갈까나. 혹시 누가 알겠는가, 뭉크미술관에 가면 '어떤 것도 아름답지 않다. 오직 인간만이 아름답다'고 말한 니체의 『우상의 황혼』을 떠올리며 뭉크의 '마돈나'를 감상하고 있을 파란 눈의 친구가 있을지 모르니! 비록 이뤄질 수 없더라도 꿈을 꾸는 생은 아름답다.

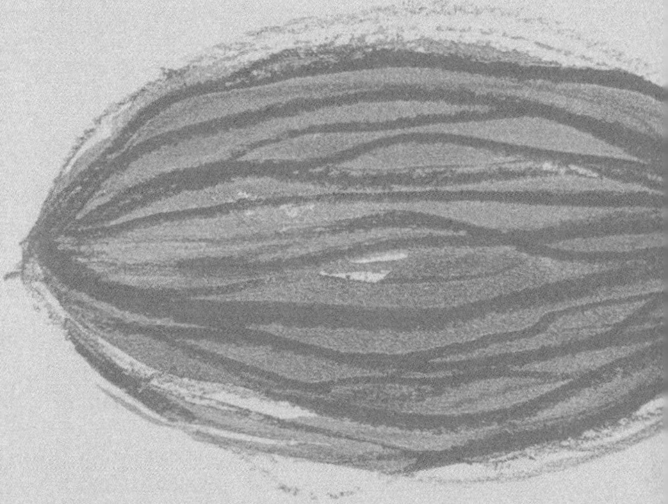

3장

김금화 만신의 귀인 예언과
함부르크 야노쉬 선생님의 감자 깎기

지상에서 만날 순 없지만 김금화 만신(1931-2019)은 내 삶에 여러 차례 도움을 주신 분이다.

나라 만신이며, '서해안 풍어제' 중요 무형문화재 제82호이기도 했고, 민속학적으로도 굿을 세계에 널리 알린, 세계에서 굿의 문화유산 적 가치를 더 높게 쳐주도록 한, 그분을 모르는 사람은 별로 없을 것이다. 그러나 이 땅에서 무당이란 업을 지니고 살아온 그녀의 생애가 굴곡질 수밖에 없던 것 또한 사실이다. 그럼에도 불구하고 그분은 가난하고 한 많은 사람들의 삶을 위로하며 무녀로서의 길을 걸어 나라 만신에 이르렀고, 한 시대를 풍미한 전통문화의 예인이다. 로마대학에서 교황의 진혼굿을 하고 오스트리아의 6백 년 된 성당 앞에서도 굿을 했으며, 파리와 베를린은 물론 뉴욕

링컨센터에서의 굿 공연은 수개월 전에 표가 매진될 정도였으니 세계 민속학자들의 관심의 대상이 되는 것은 당연했다. 도올 김용옥은 김금화 만신을 두고 "우리 전통문화의 대맥을 이은 마지막 '진짜'요. 이제 사라져 갈 수밖에 없는 '현묘한 체험'이다"라고 했는데, 사라져 간 그분을 생각하면 전통문화 예술의 원류가 단절된 것 같아 안타깝지만 생로병사를 나라 만신이라고 피해갈 수 있었으랴. 김금화 만신과 동년배이셨던 소설가 박완서 선생님도 "나는 그이가 좋더라!" 하고 친근감을 말씀하신 걸 보면 예인으로서 통하는 게 있었나 보다. 하긴 소설가도 어찌 보면 무당이지 않는가. 자기 자신과 사람들의 이야기를 낯설게 보여주며 언어 위에서 작두를 타는 무당……

유학을 떠나기 전에 인사차 김금화 만신 댁에 들렀을 때 선생님은 나를 보고 어느 나라로 가느냐고 물으셨다. 독일이라고 했더니 잠시 지그시 눈을 감고 영적인 생각에 잠기신 선생님은, "독일로 가서 석 달이 됐을 무렵 귀인 두 사람이 나타나서 나를 도와줄 것"이라고 말씀하시며, 독일이 나와도 아주 잘 맞고, 늦은 나이지만 모든 일이 잘되어 돌아올 것이라고 예언을 해주셨다. 나는 떠나기 전인지라 정리할 것도 많고 정신도 없어서 김금화 선생님의 그 말을 덕담으로 알고는 한 귀로 듣고 한 귀로 흘려버렸다.

  함부르크에서 만난 지도교수님은 인자한 얼굴에 잔잔한 미소가 떠나지 않는 분이셨다. 그의 예명을 안 것은 학생들이 야노쉬Janosch 라고 불렀기 때문이다. 야노쉬Janosch는 독일의 세계적인 동화작가이자 일러스트레이터 이름인데 그의 작품 속 주인공이 교수와 비슷하거나, 그가 야노쉬 작가와 모습이 비슷해서 그렇게 불렀을 것이다. 강의록에는 분명 본명이 있는데 학교에 처음 갔을 때 당황한 것은 교수를 보고 학생들이 별명을 부르는 거였다. 별명을 부르는 학생이나 듣는 교수나 너무 자연스러웠다. 거기서 더 충격적이었던 것은 강의실 책상에 걸터앉은 독일 학생들이 교수와 대화하며 교수한테 '너du'라는 호칭을 쓰는 거였다. 사실 더 이해할 수 없었던 것은 한 독일 교수 집에 초대받아 갔을 때 고등학생 아들이 이 층에 있는 자기 아버지를 부를 때 "요헨?" 하고 이름을 부르는 거였다. 나는 속으로 '저런 후레자식 같으니!' 하고 생각했지만, 그건 우리와 다른 문화의 차이에서 오는 오해였다.

  야노쉬 선생님 집에 처음 초대받은 날은 긴장의 연속이었다. 한 열흘 전부터 마늘 들어간 음식을 먹지 않고 당일에는 늦지 않으려고 애썼지만 버스에서 내려 결국 뛰어가고 말았다. 헐레벌떡 달려가 집 번지수를 확인하곤 벨을 누르며 문을 열어달라고 말하는데, 이런! 그만 서둘다 보니 웃기는 실수를 하고 말았다. '문'을 말하는 '튀어Tür'를 열어달라고 하는 대신 엉뚱하게도 '봉지'나 '천으로 만든 장바구니'를 의미하는 '튀테Tüte'를 열어달라고 하자, 인터폰 안에서 갑자기 막 웃는 소리가 터져 나왔다. 나는 아뿔싸! 했지만 이미 어처구니없는 언어의 마법(?)은 벌어진 상황이었다.

거실로 들어서니 동글동글한 인상의 야노쉬 선생님은 입가 가득 미소를 지으며 사모님과 감자를 깎고 계셨다. 나중에 알았지만 두 분은 나를 위한 점심으로 독일식 감자 요리인 크뇌델Knödel을 준비하고 계셨다. 크뇌델은 껍질을 깐 감자를 삶은 뒤 으깨서 밀가루와 전분 가루를 넣고 반죽하여 감자 모양이나 동그랗게 빚어서 끓는 물에 삶아 소스를 뿌려 먹는 요리다. 파슬리나 로즈마린 등 허브를 뿌리면 향도 좋고 맛도 좋다.

부부가 식탁 앞에 앉아 두런두런 이야기를 나누며 감자를 깎는 소탈한 풍경이 아름다워 보였다. 먼 나라 동방에서 온 한 제자의 밥 한 끼를 위하여 사모님과 함께 감자를 깎는 선생님의 모습은 행복해 보였고, 순간 나는 저런 행복을 갖고 있을까? 하는 생각이 들었다. 행복을 품고 사는 사람들은 자기가 빚어내는 소박한 행복만으로도 다른 이를 또 행복에 물들이는구나! 하는 생각 말이다.

한 번은 크리스마스 방학을 앞두고 학교에서 야노쉬 선생님께 크리스마스 때 어떻게 지내시느냐고 물은 적이 있다. 선생님께서는 초가집에 불이 나지 않게 여러 양동이에 물을 받아놓고 혹시 모를 불에 대비한다고 하여 저게 무슨 말일까! 의아해 눈을 동그랗게 뜬 적이 있다. 이유인즉 시골에 작은 초가집이 있는데, 크리스마스 때가 되면 사람들이 폭죽을 터뜨리므로 불꽃이 초가집에 떨어지면 불이 나지 않게 불 끌 준비를 하고 있다는 말이었다. 야노쉬 선생님과 나는 동시에 웃음을 터뜨렸다. 선생님께서는 조금 겸연쩍은 표정을 지으셨다. 나는 소박하고 따뜻한 심성을 지니신 야노쉬 선생님을 떠올릴 때마다 인간적인 게 무엇인지 생각한다. 타자를 배려하고 이해하고 자신이 품은 행복 바이러스를 사람과 사람 사이에 퍼뜨리는 사람, 그리고 누군가를 위하여 따뜻한 밥 한 끼 나눌 수 있는 사람, 행복이란 무지개 너머만 있는 건 아닌 것 같았다. 어쩌다 감자를 깎을 때면 야노쉬 선생님을 생각하고 야노쉬 선생님 얼굴이 감자처럼 보일 때가 있다. 김금화 만신이 예언한 귀인 중 한 분은 내게 많은 공부를 알려주시고 진정한 행복의 의미를 느끼게 한 야노쉬 선생님이시다.

날아라 매미!

여름날이 싱그러운 건 이른 아침부터 들려오는 매미 소리 덕분이다.

도시를 질주하는 차와 뜨겁게 달궈진 아스팔트와 늘어져 가는 일상에 매미 소리마저 없다면 일상의 낭만을 어디서 찾아야 할까. 예전에 냉장고가 없던 시골에서 수박을 우물에 넣었다가 꺼내 먹는 걸 본 적이 있다. 선풍기가 씽씽 돌아가는 마루에서 쟁반의 수박을 잘라 먹던 한낮, 미루나무 꼭대기에서 들려오는 매미 소리란 얼마나 아름다운지!

생레미 언덕에서 태양 가까이 솟아오른 빈센트 반 고흐의 그림 〈사이프러스 나무〉(1889.6)에서도 매미 소리가 들릴 것 같고, 〈여자 두 명과 사이프러스 나무〉(1889.6)에서도 거대한 나무 아래 오솔길을 걸어가는 여자들도 매미 소리를 들었을 것만 같다. 고흐가 그 유명한 그림 〈별이 빛나는 밤〉(1889.6)을 그린 것도 이 무렵의 생레미에서였다. 그가 한낮에 들었을 매미 소리의 잔향殘響을 별이 빛나는 밤, 소용돌이치는 별의 음파에 그려 넣은 것인지 모르지만 이 작품에도 어둠에 잠긴 사이프러스 나무가 그려져 있다. 별에 닿을 것 같은 그림 속 사이프러스 나무에서 잠자던 매미는 별이 빛나는 밤의 소리를 들었을까?

 매미 암컷이 나무껍질을 뚫고 알을 낳으면 45일~10개월 또는 그 이상 걸려 부화 된 애벌레가 땅속으로 들어가 자란다고 한다. 유지매미와 참매미는 알을 낳은 해부터 7년째 매미가 되고, 북아메리카의 17년 매미는 애벌레로 땅속에서 사는 기간이 17년이나 된다. 그러고도 세상에 나와 사는 시간은 고작 1~3주이니 매미의 일생은 가여운 생각마저 든다. 재밌는 것은 매미라고 아무 때나 울지 않는 것이다. 참매미는 오전에 울고, 유지매미나 애매미는 오후에 울고, 털매미는 온종일 운다니 매미 소리가 들리지 않던 것도 다 이유가 있었다. 초등학교 시절 선생님들은 여름방학 숙제로 꼭 '곤충채집' 숙제를 내주셨다. 방학 하는 동안 아이들이 만만하게 잡아 오는 건 늘 잠자리와 매미였다. 어떤 아이들은 살아있는 매미의 배를 눌러 일부러 울게 했고, 손에 쥐고 있던 매미를 놓쳐 교실 안을 날아다니는 매미를 잡으라 진풍경을 연출하기도 했었다. '곤충채집' 방학 숙제를 내준 선생님이나 매미 잡느라 잠자리채를 휘둘렀던 꼬맹이 적 우리들은 매미에게 얼마나 많은 죄를 지었는지!……

  집 근처 나무들에서 매미 애벌레 허물이 남겨진 흔적을 유독 많이 보았다. 나무마다 한두 개, 혹은 세 개가 남겨진 허물들을 일일이 사진을 찍고 동영상으로 남기느라 한나절을 보냈다. 어떤 날은 온종일 비가 내리고 바람이 불어도 허물은 떨어지지 않고 견고히 붙어있었다. 매미가 떨어져 나간 빈껍데기인데도 허물은 살아있는 벌레처럼 나무 우듬지를 향해 수직으로 붙어있다. 허물은 매미 애벌레가 살아야 한다는 의지를 나무에 새겨놓은 것이다. 비록 매미는 새로운 생을 살기 위하여 집을 떠났지만 흔적에는 땅속 어둠에서 지낸 그의 고단한 생애가 고스란히 들어 있었다.

  갓 허물을 벗은 매미는 나무로 기어 올라갔을 것이다. 땅속에서 나온 어떤 애벌레는 나무 밑동에 허물을 벗었고, 어떤 애벌레는 나무줄기 중간쯤, 어떤 애벌레는 나뭇가지까지 기어 올라가 허물을 벗었다. 어두운 땅속에 있을 땐 모두 어둠의 분신이었지만, 별빛 밟으며 허물을 벗고 올라간 자리가 다른 건 매미의 꿈이 다르기 때문일까? 매미라고 꿈이 없을 리가 없다. 그렇지 않고서야 7년이라는 세월을 어둠 속에서 지냈을 리가 없다. 햇빛 한 점 보이지 않는 땅속에서 보낸 세월이 억울해서 매미가 우는 것은 아니다. 매미는 그 정도 시간은 참아야 희망이 온다는 것도 오래전부터 알고 있다. 그렇다고 허물을 벗고 매미가 되었다고 생이 완성되진 않는 것도 알고 있다. 생이 완성되었다고 생각하면 매미가 저렇게 목청을 돋워 울 리가 없다. 삶이란 미완성의 허물을 벗어가는 영원회귀의 길이란 걸 매미는 사람보다 먼저 알고 있으니, 오늘은 한 뼘 더 날아오르자꾸나.

날아라. 매미!

눈보라 빛
무꽃을 아세요?

황무지에 박혀 쪼그라져 가는 무에서도 생을 꽃피운 무꽃

4월은 설레는 달이다.

산과 들, 강, 돌멩이, 시냇가도 설레고 동네 골목길 돌 틈도 설레고 세상을 유랑하는 파란 공기와 어디서 왔는지 알 수 없는 하얀 바람도 설레고 우리 집 강아지 메리도 설레고 달님과 별님도 설레고…… 나도 설레는 달이다. 산길을 걷다가 동네 숲 가장자리 한적한 곳을 보면 빈 밭이 있는데 아무것도 심지 않은 밭에선 키재기라도 하듯 꽃대가 오르고 있었다. 가까이 가보니 허리춤까지 자란 꽃, 무릎 높이로 핀 꽃, 아직 꽃잎을 달지 않은 것들이 햇빛에 반짝이는 보석처럼 투명해 보였다. 모든 꽃이 그렇지만 이 꽃은 볼 때마다 경이로운 감동을 준다. 오래전 이 꽃을 처음 보았을 때 여간해선 만나기 어려운 산촌 소녀의 순수한 미소 같았다. 세상

에서 찾아보기 힘든 소녀의 미소는 어느새 꽃으로 피어나 있었다. 눈보라 빛 꽃잎 가장자리마다 물든 연분홍색은 촌스러움이 배어나는데 빛깔의 촌스러운 마술이 바로 이 꽃의 특징이니 이름하여 '무꽃'이다.

무꽃!

보는 이로 하여 마음을 무진장 설레게 하는 무꽃은 4월 초순께 핀다. 황무지처럼 버려진 것 같은 울퉁불퉁한 밭을 가만히 들여다보면 지난해 가을 캐지 않은 무가 흙 사이로 살포시 보인다. 군데군데 흰 살을 드러낸 무도 보이고 흙 속에 몸을 숨긴 무도 있는데 수분이 빠지면서 무의 생은 쪼그라들어 있었다. 반 뼘도 채 안 되는 무는 흙 속에서 자신의 생을 관조하는 것도 있었지만 어떤 무는 흙 밖으로 자신의 알몸을 드러낸 채 아침이슬과 햇빛과 달빛, 별빛을 받으며 서서히 생을 마감 중인 것도 있었다. 놀라운 것은 흙 위로 무가 완전히 드러나 있으면서도 꽃을 피우고 있는 것이다. 무는 주름진 생이 쪼그라들어가는 시간 앞에서 무슨 생각을 하는 것일까. 지난가을 싱싱한 초록 줄기를 뿜어 올리던 때를 회상하며 흙과 이야기를 나누는 것일까, 아니면 꽃을 피우는 때는 마음을 열면 되지 몸은 중요한 게 아니라고 누군가에게 말하는 것일까.

  4월이 되면 꽃들은 수없이 피어난다. 제비꽃과 산딸기꽃, 노란 양지꽃과 흰 완두콩 꽃, 동백과 목련에 산 벚나무 꽃, 생의 신비한 비밀을 품고 있는 것 같은 붉은 꽃봉오리 맺힌 작약…… 하지만 난 무꽃을 볼 때마다 아련한 환희에 잠긴다. 그리고 생의 비원悲願을 캐는 탐험가처럼 살그머니 꽃잎을 어루만지며 말을 건넨다.

  "올해도 또 아름다운 풍경을 보여주어 고맙다 무꽃! 지난 겨울 그 혹독한 추위와 고독과 외로움의 끝에서 너는 나보다 생의 위대한 여정을 탐험하며 마침내 장엄한 꽃을 피웠으니 멋지구나. 무꽃! 꽃을 피우기까지 우주는 얼마나 커 보였을까. 별이 보이지 않는 날은 어떻게 길을 찾았을까. 꽃을 피우는 게 힘들다고 눈물 흘린 날도 있었겠지. 누군가 찾아와 말이라도 걸어주면 좋겠다고 생각한 적도 있었겠지. 빈 들에 꽃을 피우기까지 누가 너의 슬픔을 헤아려 볼 수 있을까. 하지만 오늘 밤 나는 별을 세며 모래알보다 작아진 나를 볼 것만 같다.

조르바 춤 Zorba's Dance을
추는 시간

나중은 없다. 숭고한 건 오직 지금이다.

크레타섬을 가보고 싶었던 건 조르바 때문이고 그를 알게 된 건 니코스 카잔차키스 때문이다.

"나는 아무것도 바라지 않는다. 나는 아무것도 두렵지 않다. 나는 자유다."라는 명문銘文 새겨진 카잔차키스의 소박한 묘비가 그 섬에 있는 것도 크레타의 매력일 것이다.

크레타를 쉽게 여행할 기회가 있었지만 '나중에!', '조금 뒤에!', '마음만 먹으면 언제든 갈 수 있는데' 하고 미뤘던 적이 있다. 함부르크에서 살 때였으니 학교 앞 여행사에서는 여름마다 쇼윈도 가득 "안게보트Angebot 할인"라는 말이 대문짝만하게 붙어있었다. 독일인들의 여름휴가는 크리스마스 휴가와 함께 연중 최고 관심사이고 기간도 아주 긴 편이라서 크레타를 비롯해 누군가의 버킷리스트에 있을 만한 유럽의 도시로 가는 항공료는 상상할 수 없을 만치 쌌다. 그중 제일 먼저 눈에 들어온 여행지는 언제나 크레타였다. 여름방학도 석 달이나 됐고 크레타까지 거리도 가깝고 경비도 쌌으니 그때 무조건 크레타로 떠났어야 했는데…… 지금 돌이켜보니 삶에 나중은 없다는 생각이 든다. 그때 이후로 크레타와 조르바 그리고 카잔차키스라는 이름을 한시도 잊은 적이 없다.

조르바는 삶이 벽에 부딪혔을 때 다시 꺼내 보는 책이다. 하지만 그 책은 삶을 지혜롭게 하는 대신 삶을 바닥부터 흔들어놓는다. 삶을 교양 있고 우아하게 하는 게 아니라 "날고기 같은 삶의 실체" 앞으로 데려간다. 행복한 삶을 위하여 자본의 경계에서 줄타기하듯 살아가는 사람을 느닷없이 삶의 진창으로 인도하여, 영원히 미완으로 있는 진흙으로 만들어진 인간의 영혼을 거침없이 주무르게 한다. 하여 인간이라는 이름을 지닌 자들이 어떻게 자유로워지는지 생 체험을 하게 해준다. 솔직하고 자유롭게 살아가는 자유인이 되고 싶을 때 크레타 해변에서 두 팔을 벌리고 춤을 추던 조르바를 떠올린다.

책을 읽다 보면 카잔차키스가 조르바 같고 조르바가 카잔차키스 같을 때가 있는데 조르바는 우리 안에도 있다. 카잔차키스는 자신의 묘비명에까지 "나는 자유다."라고 쓸 정도로 그는 인간의 자유의지가 인간 정신을 해방한다고 믿었고 조르바 라는 인물을 통해 진정한 영혼의 순례자가 되는 법을 말하고 있다.

  나는 삶이 지지부진할 때면 내 안의 조르바를 만나서 함께 춤을 추곤 한다. 영화 속의 조르바 앤서니 퀸처럼 두 팔을 벌리고 에게해의 파도 소리 들려오는 황량한 해변을 상상하며 스텝을 맞춘다. 서툴러도 좋으니 주인공처럼 제스처를 취하며 말하고 웃고 떠들다 보면 '그래, 삶이 뭐 별거던가! 되는 대로 사는 거지.' 하는 생각이 든다. 살아가며 이 틀에 나를 맞추고 저 틀에 맞지 않으면 괴로워하는 게 진짜 내 모습일까? 내가 이루고자 하는 게 과연 최선일까? 내 얼굴에는 몇 개의 가면이 덧씌워져 있을까?…… 삶에 회의가 찾아와 그런 생각이 들 때면 조르바 춤곡을 틀고 댄스를 춘다. 내가 조르바처럼 살지는 못하더라도 나 자신에게 솔직한 자유인이 된다는 것은 무엇에 얽매이지 않으려는 정신만으로도 내 안에는 또 다른 조르바가 살고 있음을 느낀다.

  책장 한구석에는 독일에서 모은 크레타와 카잔차키스에 관한 책들이 나를 빤히 바라보고 있다. "언제 크레타로 떠날

건데? 인생은 그렇게 길지 않아. 꿈은 말이야 상상할 수 있을 때 꿈이 되지만 꿈이 아름다운 건 그것을 실천할 때야. 현실에 너무 얽매이면 집착이 돼. 오랜 세월 씨앗을 품었으면 어느 순간 너 자신의 꽃봉오리를 활짝 개화 시켜 봐. '나는 아무것도 바라지 않는다. 나는 아무것도 두렵지 않다. 나는 자유다.' 라고 소리치며 훌쩍 떠나보게 친구! 그게 생이라네."
먼지를 뒤집어쓴 크레타와 카잔차키스 책들이 내게 말했다.

우리에게도
좋은 날이 오겠지

 아그네스 발차Agnes Baltsa의 목소리로 잘 알려진 그리스 노래 〈우리에게도 좋은 날이 오겠지Aspri Mera Ke Ya Mas〉를 들으면, 불쑥 찾아드는 낯선 쓸쓸함과 외로움에 처진 마음이 조금씩 정화됨을 느낀다. 가사를 모르고 듣더라도 심금을 울리는 멜로디와 어디선가 한 번쯤 들어본 것 같은 먼 나라 악기 소리와 낯선 언어로 부르는 여가수 목소리에서 청아한 서글픔이 묻어나서일까. 지중해의 에메랄드빛 물 색깔이 마음을 적시는 것도 같고, 기타 소리 비슷한 부주키Buozouki 선율이 마음에 파동을 일으키는 것도 같다. 비 오는 아침의 약간 어둑한 밝음 속에서도 이 노래를 들은 것 같고, 매미 소리 청아한 여름날 라디오에서, 흰 눈이 내리는 시골 간이역 플랫폼으로 기차가 들어올 때, 한밤중의 한 시간 우주로 날아갈 것 같은 순간에, 커피를 마시는 오후, 백팩을 메고 하교하는 학생들의 활기찬 피곤함 속에서도 흘러나오는 이 노래를 들은 것 같다. 시간을 거슬러 가면 최루탄 터지던 명동 성당 아래 음반을 팔던 상점 스피커에서 한낮의 팽팽한 시간을 무너뜨리며 들려오던 '우리에게도 좋은 날이 오겠지'도 기억나니, 음악은 언제든 시간 여행을 시켜주는 몽상의 비행선 같다. 누구나 한두 개쯤은 갖고 있을 노래로 날아오르는 몽상의 비행선!

  살다 보면 불쑥불쑥 그리움이 솟구칠 때도 있고 이름 모를 쓸쓸함과 삶의 비애가 느껴지는 순간이 종종 있다. 이럴 때 그리움은 누군가를 좋아하거나 곁에 두고 싶지만 그럴 수 없어서 애타는 마음도 되고 추억을 그리는 애틋한 마음으로도 되살아난다. 살며시, 몹시 어렵게, 누군가의 손을 잡았던 기억으로부터 부재 하는 어머니에 대한 기억, 오래전 가까웠으나 연락이 닿지 않는 사람에 대한 추억도 노래를 들으면 순간 죽었던 회로에 불이 들어오듯 무엇인가 솟구쳐 오를 때가 있다. 알 것 같으면서 끝내 해독되지 않는 그리움은 아그네스 발차가 부르는 그리스어 노래만큼이나 풀리지 않는다. 이럴 땐 뽕짝보다 〈우리에게도 좋은 날이 오겠지〉 같은 노래가 묘약이 된다. 너무 드러내놓고 밑바닥까지 후벼 파는 요즈음 뽕짝의 정서보다 대중적이되 메조소프라노의 절제된 그리움과 슬픔과 쓸쓸함이 생의 비애를 노래하면서도 한 줄기 희망을 잃지 말자는 그 비의가 심금을 울리는 부주키 선율에 실려 온다. 이 노래 중에 "소중한 눈물로 시간을 씻어내겠어요"와 "나는 슬픈 성모에게 돌아가요, 안녕, 울지 말아요."와 "고통이 펜던트처럼 목에 걸려있지 않도록 자신을 깨우치세요."라는 가사는 어느 위대한 시인의 시보다도 아름답다.

  우리에게도 좋은 날이 오겠지 하며 좋은 날의 행복한 생을 기다려본다. 좋은 날이 무엇인지, 좋은 날이 어떤 것인지, 실은 나도 잘 모르고 당신도 잘 모른다. 오지 않을 고도Godot를 기다리는 게 생이니 그러려니 하고 좋은 날이 오겠지. 기다릴 뿐이다. 그러다가 문득, 정말 좋은 날이 오지 않으면 내 삶은 얼마나 억울할까 하고 생각해본다. 하지만 억울할 것도 기다릴 것도 없다. 좋은 날은, 좋은 날이 오겠지 하고 기다리는 사람의 마음에 이미 와 있는지 모른다. 우리가 인식하지 못할 뿐 좋은 날은 이미 내 가슴 속에 당신 영혼 속에 살고 있는데 우리만 모를 뿐이다. 내 생에 정말 좋은 날이 없었을까 생각해본다. 어머니가 내 손을 잡았던 순간, 칫솔질을 막 끝낸 어린아이 입에서 나던 치약 냄새를 맡던 순간, 병든 가족의 마음을 쓰다듬던 순간, 친구와 커피를 마시며 찬란한 젊음을 나누던 순간, 첫사랑의 떨리던 순간, 물끄러미 해가 지는 풍경을 바라보던 순간, 제비꽃을 보던 순간……순간의 좋은 날은 이미 오래전부터 계속되어 나와 당신과 우리를 만들었고 미래에도 여전히 현재를 담보로 좋은 날은 생산될 것이다. 좋은 날은, 우리에게 좋은 날은 영원한 현재이지 않을까?

*부주키Buozouki : 그리스의 전통 민속 악기. 만돌린 모양으로 기타와 비슷하지만 타원형의 울림통이 기타보다 작은 게 특징이다. 줄은 4개로 깊고 공명이 좋은 떨리는 소리가 일품이다.

봄비 내린 뒤
햇빛 머금은 숲길의 탄력

 사람들은 누구나 자기만의 길을 갖고 있다.
 그 길은 자기를 만나는 길이고, 자신을 살리는 길이며, 자신으로부터 떠나는 길이다. 십여 년간 동네 뒷산 숲길을 산책하다 보면 봄이면 피는 꽃들의 위치와 나무들이 변해가는 모습, 햇빛 드리운 길의 무늬가 눈에 차오른다. 나무 그루터기는 어디쯤 몇 개가 있으며, 마음의 중심을 잡아주는 바위는 어느 나무 밑에 놓여있는지, 산 감나무에서 감꽃이 우수수 떨어지는 오솔길은 어디쯤 있는지, 댓바람은 또 어디서 시원하게 불어오는지, 직박구리가 좋아하는 나무 열매는 무엇인지, 제비꽃 군락지는 어디에 숨어있는지, 파란 하늘이 파랗게 잘 보이는 곳은 어느 자리인지, 햇빛에 반짝이는 청미래덩굴 잎사귀와 에메랄드빛 열매는 숲속 어디에 감춰져 있는지…… 폭설 내린 숲길 가장자리에서 루비 알처럼 붉은빛을 뽐내는 여름날의 그 청미래덩굴 열매는 삶이란 익어갈수록 곱디고운 붉은 빛깔을 내고 속은 비어있어야 한다고 내게 말하는 것 같았다.(여름날의 속이 알찬 그 작은 열매는 가을에는 빨갛게 익어 겨울이면 속이 텅 비어 있다.)

  봄비 내린 뒤 햇빛 머금은 숲길의 탄력은 나만이 간직한 보물단지다. 봄비 가신 날 숲으로 가면 맑은 정신이 통통 튀어 오른다. 연초록 잎들을 뿜어내는 나무에선 오보에 소리가 날 것 같고 낙엽 사이로 솟아오른 보랏빛 제비꽃은 숲의 요정 같다. 이슬방울 맺힌 땅 흙냄새 피어나는 나뭇잎마다 햇빛이 반짝이고 있다. 바위 옆에 서서 오솔길을 비추는 햇빛을 보고 있으면 금빛으로 뒤덮인 숲이 무지개 너머 감춰진 신비한 왕국 같다. 나는 지금 어딘지도 모르는 그곳을 찾아가는 중이다. 맑고 투명한 숲-거울은 내 몸뚱이는 물론 정신까지 속속들이 비추며 "이곳에 와선 응어리진 마음을 풀어놓아도 괜찮아 친구!" 하고 말한다.
  "누구한테 상한 속마음을 털어놓고 싶은데 말할 사람이 없어도 좋아. 햇빛 머금은 나무들 좀 봐! 수직으로 중심을 잡고 언제나 곧게 서 있는 저 나무들 좀 보란 말이야. 나무들이라고 스트레스를 받지 않을까? 무엇이 문제인데? 먹고 살아가는 게 너무 힘들다고? 이보게 친구, 모차르트를 기억하지! 모차르트는 6살적부터 흙길이나 진흙탕 길을 마차를 타고 온 유럽으로 연주 여행을 다녔다지. 21살 적 연주 여행 중에도 모차르트는 먹고살기 위하여 작곡을 의뢰받았는데 한 번은 플루트 협주곡을 만들어달라는 요청이 왔었다지. 그는 플루트란 악기를 무척 싫어했다는군. 하지만 하기 싫은 일이라도 어차피 자기 이름을 달고 나갈 것이니 그는 최선을 다했고, 결국은 또 하나의 명곡을 탄생시켰다지. 삶이란 그런 것이라네. 먹고 사는 건 모든 게 힘든 법. 정신이 빈곤해지면 삶은 피폐해지기 십상이야. 그럴 땐 언제든 나를 찾아와 친구만의 길을 걸어봐. 봄비 내린 뒤 탄력 있는 햇빛 쏘다니는 숲길을 걷다 보면 싱싱해지는 몸과 탄력 있게 튀어 오르는 정신을 만날 수 있을 거야." 숲이 나에게 말하는 소리를 들었다.

한 번도 무지개 너머 신비한 왕국으로 가는 길을 찾지는 못했으나 이 숲 어딘가에는 그곳으로 가는 길이 숨겨져 있다고 믿었다. 특히 봄비 내린 날, 햇빛 머금은 숲길의 탄력 위에 올라서면 나는 무지개를 타고 그 이상한 나라로 갈 수 있을 것이라 믿고 있다. 하지만 숲길의 그 신비한 왕국을 못

찾은들 어떠랴! 숲길에 들어선 이상 내 발걸음마다 길은 열릴 것이고 그곳은 이미 신비한 섬처럼 내 마음속 어딘가에 감춰져 있을 것이니!

붉은 소파를 등에 지고
세상을 떠도는 사진사

 예술가들은 별것 아닌 것을 별것으로 만들어 보여주는 특출한 재주를 가진 사람들이다.
 아무도 관심 두지 않던 소변기와 캠벨 수프 캔을 낯설게 보여주어 모든 사물이 예술이 될 수 있다는, 예술이란 별것 아니라는 생각을 갖게 하는 것도 예술가들이다. 하지만 선험적으로 낯익은 것을 낯설게 보여주지 않는 한 아무나 예술가가 될 수 없다는 묘한 속성이 있는 것 또한 예술이다. 그렇기에 예술가들은 일정 부분 형이상학적인 사기성을 담보로 음모를 꾸민다. 무엇인가 그럴듯해 보이게 하기 위하여 예술적인 장치를 동원하기도 하고 미학 이론을 가져와 화려하게 꾸미기에도 열중한다. 한마디로 형이상학적인 사기를 치기 위해서는 대중을 현혹하는 눈속임이 필요한데, 세상엔

야바위꾼의 현란한 손놀림 같은 예술사업도 성업 중이지만, 어느 작업에서건 진정성이 느껴지고 미적 의미를 부여받을 때, 예술은 시대를 초월한 명작이 될 수 있다.

  오래전 한평생 '붉은 소파'를 등에 지고 지구촌을 떠돈 사진사를 알게 되었다. 그의 이름은 호르스트 바커바르트다. 그는 설원 펼쳐진 대자연의 빙하에 붉은 소파를 놓고 사람을 앉혀 사진을 찍는 것을 비롯해 거지에서 구소련의 전직 대통령까지 지구촌 곳곳에서 붉은 소파에 사람들을 앉히곤 연출된 사진을 찍어왔다. 그의 사진집 『붉은 소파』에는 인물 대상과 풍경은 다를지언정 인간 존재에 관한 다양한 질문들이 들어있다. 그는 세계 도처에서 인물의 특징을 가장 잘 나타내는 장소에 붉은 소파를 놓고 그 사람을 앉힌 뒤 인생과 행복과 불행은 무엇이라고 생각하는지, 일과 사랑은 어떤 의미이고, 예술은 삶과 어떤 관계인지, 동식물은 당신에게 무엇인지, 우주는 무엇이 창조했는지, 사후세계는 있다고 믿는지 등을 묻는다.

  이쯤 되면 호르스트 바커바르트 라는 사진사는 시인이며 철학자, 신학자이며 인간 연구가다. 소설가 박완서 선생님이 살아 계실 때 『붉은 소파』라는 사진집을 드린 적이 있는

데 선생님의 일성은 "이 사람 참 재미있는 사진가다!"였다. 호기심 어린 얼굴로 반색하는 빛이 역력했던 선생님의 "재미있는 사진가"라는 말속에는, 당신이 미처 가볼 수 없던 길을 걸어간 한 예술가에 대한 존경과 경이로움, 존재에 관한 다양한 질문을 세계의 중심과 변두리에서 사는 각양각색의 사람들에게서 들을 수 있었던 기쁨과 놀라움이 교차했기 때문은 아닐까 생각했다.

마르셀 뒤샹은 소변기로 앤디 워홀은 캠벨 수프 캔으로 요제프 보이즈는 펠트 천으로 리차드 세라는 강철판으로 아우구스트 잔더는 20세기 인간 초상 사진으로 현대 예술을 구축했다면, 호르스트 바커바르트는 붉은 소파를 선점하며 소파를 예술의 대명사로 만들었다. 집 안 거실에 있던 사물에 불과한 소파를 세상 밖으로 가져와 소파를 낯선 파격으로 보여주었지만 그의 사진에는 항상 인간에 대한 원초적 질문이 들어 있다. 그의 작품을 좋아하게 된 계기도 바커바르트의 사진에는 사람들의 진실한 이야기가 붉은 소파라는 사물과 긴밀하게 감응하고 있기 때문이다. 마음이 축 가라앉을 적이나 길을 찾지 못하고 방황할 때, 하는 일에 회의가 생겨 고민할 때, 문득 내 인생이 실패하는 건 아닐까 겁이 날 때면 손때 묻은 『붉은 소파』 사진집을 펼쳐 든다. 사진작가는 어떻게 아무도 관심 두지 않던 소파를 예술적으로 착상하여 자신만의 독특한 작품세계를 만들었을까. 평생 붉은 소파를 메고 세상을 주유하며 사람들을 만나 풀어가는 그 열정의 에너지는 어디서 오는 것일까. 예술이 인간 정신을 순화시키는 이야기가 소파에 붉게 배어 있다. 산다는 것도 그런 게 아닐까? 남들이야 무얼 하든 나만의 눈과 마음으로 온전히 나를 바라보며 자기의 열정을 몽땅 넣어 용광로처럼 녹여낼 수만 있다면 쇳물이 어떤 형상을 만들더라도 부족함이 없을 것이라고!

알퐁스 도데의 별을 보던
지리산 자락 토담집 창

무명치마에 물들인 감물 빛깔

사월 초이튿날 무렵 구례군 산동면은 꽃들로 아름다운 현기증을 일으킨다.

원동 마을 산언덕에서 내려다보면 집과 돌각담과 밭들길마다 흰 매화가 지천이다. 꽃망울 맺힌 목련 아래 홍매화, 청매화도 한창이다. 나는 산과 온 마을을 뒤덮은 매화와 산수유 들녘을 몽유夢遊 중이다. 환한 대낮에 핀 노란 꽃들은 색채심리적으로도 사람의 마음을 섬세하고 따뜻한 아름다움에 휘감기게 한다. 꽃 안개 찬란한 봄 깊숙이 들어가 꽃의 우주에 머물 수 있음을 무엇에 비하랴! 산길 따라 마을을 해찰하다 산수유 핀 고적한 토담집을 보았다. 토담은 쑥 캐는 할머니 손등처럼 꺼칠하지만 그이의 인자한 얼굴을 닮아 다가서고 싶고, 담장을 쓰다듬고 싶고. 허름한 집 방 안으로 들어가

보고 싶게 만든다. 토담에서는 강 건너 바람에 출렁이는 황갈색 억새 숲 냄새가 났다. 토담 창가의 산수유가 햇살에 눈부셨고, 집 앞 텃밭에선 늙은 할머니가 상추 씨앗을 심고 있었다.

감물을 곱게 들인 어머니 무명치마를 담장에 둘러놓은 것 같은 게 이 땅의 토담 빛깔이다. 하얀 감꽃이 피고 갓난아기 주먹만 한 감이 비바람에 떨어지면 초록색 감을 주워 으깬다. 어린 감을 으깬 옅은 노란 물에 무명천을 담그면 토담 빛으로 곱게 물드는데, 감물의 연금술은 삶을 경이롭게 한다. 토담집을 볼 때마다 양지바른 산언덕에 핀 할미꽃 같다고 생각했다. 꽃줄기 끝에서 땅을 향해 피는 자줏빛 할미꽃은 욕심일랑 천 길 마음에 말갛게 가라앉아 무심에 이른 할머니 모습이다. 상추씨를 심고 담장에 기대앉아 봄 햇살 받는 할머니 얼굴 주름이 퇴색한 토담 균열처럼 보였다.

지리산 자락 슬레이트 지붕 밑 토담 벽에 난 창은 할머니 눈동자처럼 질박한 그리움을 간직하고 있었다. 어머니 반짇고리에 들어있는 무명실 감긴 실패와 바늘 쌈지, 낡은 돋보기 너머 보이던 흐릿한 그리움이랄까. 할머니가 마디 굵은 손가락에 끼고 있는 가락지에서 묻어나던 은빛 그리움이랄까. 토담집 창은 오랫동안 잃어버린 그리움을 찾아가는 통로였다. 얼음장처럼 차갑던 잿빛 겨울은 생명체를 단련시키는 것인지 봄비에 젖은 나무들은 화려한 꽃망울을 터뜨렸다. 나무들은 자기 몸에 간직된 형형색색의 그리움을 그들만의 언어로 토해내고 있다. 인간의 정서와 정신에 메아리치지 못하는 언어는 공허하지만, 자연의 순리에 맞춰 꽃을 피우는 나무의 언어는 정직하고 아름다웠다. 토담집을 보니 할머니가 솔가지 꺾어 장작불 지펴주는 사랑채 아랫목에서 봄밤의 꿈을 꾸고 싶어진다. 한밤중에 일어나 창문을 열면 지리산에 닿은 별빛은 또랑또랑하여 가슴 설레겠지. 알퐁스 도데의 『별』을 기억하지 않더라도 원시적인 밤하늘 별빛만 보더라도 생이 행복해질 것 같았다. 직경이 10만 광년, 두께가 1000광년에, 4000억 개의 별이 떠돈다는 우리 은하가 내 머리 위에 펼쳐있는데, 하루쯤 일과 밥과 한숨 같은 것 잠시 내려놓고 여행을 한들 어떠랴. 그러면 혹시 "그 별들 중 가장 섬세하고 가장 찬란한 별이 제 길을 잃고 내려와 내 어깨에 기대어 잠자고" 있을 줄 누가 알까. 어디 별빛뿐이겠는가, 꽃향기 머금은 달디 단 밤공기는 목 안을 싸하게 쿡쿡 찌르겠지. 방안에 스며든 장작불 연기도 삶의 구수한 맛을 되찾아 줄 것이고. 가끔 고라니 울어대는 낯선 소리에 잠을 뒤

척이겠지만 산짐승 울음소릴 자장가 삼으면 그 얼마나 멋진 하룻밤인가. 닭 홰치는 소리, 종달새 노랫소리, 꽃 피는 화음에 잠 깨는 지리산 마을. 이른 아침 창밖을 보면 창가로 산수유 가지 몇 드리워져 마치 창이 노란 꽃을 피운 듯하다. 어수룩해 보이는 토담집 창은 무슨 그리움으로 나뭇가지를 품어 꽃술을 터뜨린 것일까. 봄날의 토담집 창은 내 안에 잠시 머물다 갈 유토피아다.

" ": 알퐁스 도데의 『별』 중에서

누구에게 내 슬픔을
이야기하랴?

안톤 체호프의 짧은 단편소설 「우수」의 첫 문장은 "누구에게 내 슬픔을 이야기하랴?"로 시작한다. 1886년 발표된 이 작품은 페테르부르크를 무대로 한 가난한 마부 이야기다. 썰매 마차를 모는 '요나'라는 마부는 아들이 병으로 죽자 큰 슬픔에 빠진다. 가눌 수 없는 고통에 늙은 마부는 몸과 마음이 피폐해져 가지만 마음을 털어놓을 사람이 없고, 누구도 그의 슬픔에 귀를 기울이지 않는다. 대도시에서 바쁜 일상을 살아가는 사람들은 늙은 마부의 슬픔을 들어줄 만큼 한가하지 않다. 마차를 타는 손님들이나 젊은 마부 가릴 것 없이 이 사람 저 사람을 붙들고 아들이 죽은 이야기를 하지만 아무도 아랑곳하지 않는다. 그 누구도 자신의 슬픈 사연을 들어주지 않자 결국 요나는 마구간에서 건초를 먹고 있는 말에게 자신의 속마음을 털어놓는데 소설은 이렇게 끝난다.

"건초를 먹고 있느냐?……

그래, 얘야……, 쿠지마 이오니치는 이제 이 세상에 없단다……, 죽었단 말이다…… 헛되게 가버렸단다……, 지금 너한테 망아지가 있다고 치자, 그러면 너는 그 망아지의 어미가 되잖니……, 그런데 갑자기 그 망아지가 죽었다고 생각해 봐……, 슬프지 않겠니?"

말은 우물우물 건초를 씹으면서 요나의 이야기를 듣고 있다는 듯이 주인의 손에 콧김을 내뿜는다.

요나는 열심히 말에게 모든 것을 이야기한다.

소설을 읽다 보면 체호프가 살았던 시대나 지금이나 사람 사는 세상은 별반 다를 게 없다는 생각이 든다. 살다 보면 누군가에게 상처받아 엉킨 마음이 뒤숭숭하고 심란할 때가 있다. 사람들은 겉으로 웃고 있지만 저마다의 고독하고 외로운 섬에 사느라 마음을 잘 열지 못한다. 어른이 되어 갈수록 존재에 대한 고민보다 먹고 살아야 하는 무게가 삶을 압도하므로 영혼은 고독하고 외로운 내면의 섬에 갇혀 섬이 되어간다. 사람들의 섬은 서로가 서로에게 다가서지 못하고 섬으로만 존재한다. 누군가에게 다가설 수 없고 누군가의 섬도 되어주지 못하는 사람들이 밀랍 인형처럼 있다. 누구에게 속마음을 털어놓고 싶은데 그럴만한 사람도 마땅치 않다. 오랜 세월 혼자 살며 혼자 밥을 먹고 환청처럼 들려오는 침묵의 소리만 들으면서도 어느 한 사람에게도 자신의 외로움이나 고독에 대해 털어놓을 수가 없는 삶. 나는 그럴 때면 체호프 소설 속의 가난한 마부를 떠올리며 "누구에게 내 슬픔을 이야기하랴?"를 중얼거린다. 커피를 마시며 주문을 외듯 그 말을 웅얼거리기도 하고, 눈 내리는 창밖을 보며 미치게 푸른 파란 하늘을 보며 그 말을 하고, 흰 벽을 보고 또 그 말을 되뇌기도 한다. 그러다 보면 누구에게 내 슬픔을 이야기할 사람이 없어서 슬픈 게 아니라, (이젠 그 고독 짙은 슬픔에 익숙할 만도 하련만) 여전히 그 말을 중얼거린다는 게 슬프다.

말이란 계속 반복할수록 말의 감옥에 갇히게 하는 묘한 마력이 있다. 이젠 그 말의 감옥에서 벗어나고 싶은데…… 해서 생각한 것이 포행의 즐거움이다. 포행布行은 스님들이 좌선을 하다가 수행하는 마음을 잠시 풀고 한가로이 뜰을 걷는 일이다. 화두를 통해 선에 이르고자 하는 길은 고행의 길이다. 참선한다는 것은, 자기 자신의 내면을 거울에 비쳐 무심을 찾아가는 길이니 지극한 마음에 의지가 굳어야 하는 일일 것이다. 섣불리 흉내 낸다고 무엇이 보이는 것도 아니고 무엇을 보려 하는 것도 참선이 아닐 것이다. 어찌 보면 살아가는 일상도 참선의 하나일지 모른다. 그러니 삶에 상처가 생긴다거나 삶이 아프다거나 할 때도 포행이 필요하다. 한가로이 뜰을 걷는 일은 누구든 할 수 있다. 나비가 날아가듯 몸에 힘을 빼고 바람처럼 음악처럼 발길 가는 대로 한가로이 걸으면 된다. 골똘히 무엇을 생각할 필요도 없고, 묘수를 찾으려 머리를 굴릴 필요도 없이, 그냥, 스님들 하듯 마음을 놓으면 길이 된다.

"누구에게 내 슬픔을 이야기하랴?"가 안될 땐 잠시 한가로이 걸으며 자기 자신과 이야기 하는 수밖에 없다. 누구를 찾는다고 내 슬픔이 해결되지도 않고 누군가 위로를 해준들 돌아서면 그만이다. 우린 너무 타자로부터 답을 구하려 한다. 그 사람 역시 자기 앞의 생을 모르는 타자일 뿐인데.

커피포트와
푸른 눈의 미륵

　남부 독일의 중세 소읍 로텐부르크Rothenburg ob der Tauber. 타우버강 위의 로텐부르크는 중세 '로만티크 가도'의 보석이라 불릴 만큼 아름다운 곳이다. 「시간이 멈춘 동화 속의 중세, 로텐부르크」라는 글에서 나는 중세의 성곽으로 둘러싸인 로텐부르크에 가면 우리들은 잃어버린 시간과 동화 같은 꿈을 찾을 수 있다. 시간마저 성루에서 흩어지는 종소리에 잠들고, 아침 햇살도 산란하는 종소리에 잠을 깨는 아름다운 성채. 검푸른 돌바닥을 밟을 때마다 들려오는 침묵의 소리와 시간의 무게가 우리를 머물게 하는 이 중세 도시에서 방랑자는 고혹적인 시간의 늪에 빠져든다고 고백한 적이 있다. 로텐부르크에 가본 사람들은 세상에 이렇게 아름다운 동화 도시가 있을까 감탄하고, 특히 흰 눈이 펑펑 내리는 크리스마스 무렵 이곳을 찾았다면 평생 잊지 못할 동화 속의 중세를 느낄 수 있을 것이다.

로텐부르크 괴테 인스티투트에서 독일의 언어와 문화를 배우느라 유학 생활의 시작을 이곳에서 할 수 있었던 것은 내게 큰 행운이었다. 하지만 난생처음 겪어보는 독일의 2~3월은 겨울이 그대로 남아있어서 습한 추위가 파고들 때면 뼛속까지 시렸다. 하숙집 주인은 셔츠며 바지까지 다름질해주고 전화가 오면 아래층을 향해 "Herr Min?"하고 소리쳐 나를 부르며 미소를 잃지 않는 독일인의 근면하고 따뜻한 모습을 보여주었지만, 한국의 방처럼 온기를 느끼기 어려운 독일의 난방 시스템에 방안은 늘 썰렁하고 추웠다. 오후 시간과 저녁은 괴테에서 내준 숙제를 하느라 집에서 보냈는데 으스스한 방 안 공기 때문에 떨면서 옷깃을 여미곤 했다.

이 무렵 구세주가 나타났다. 북독일의 함부르크 대학에 계시는 독일인 교수님께서 남독일의 내게 선물 보따리를 보내주셨다. 꿈에도 생각하지 못한 깜짝 놀랄만한 일이었다. (독일의 상점에서 파는 축하 카드 중에 Überraschung이라고 쓰인 카드가 있는데, 위버라슝Überraschung이란 말은 기습, 놀람, 예상치 못한 뜻밖의 선물을 의미한다. 정말 교수님의 선물보따리는 위버라

숭 그 자체였다.) 커다란 박스를 풀어보니 자그마한 전기밥솥과 쌀, 밥공기 그리고 '보쉬Bosch 커피포트'와 카밀렌 차, 동백꽃 차, 편지, 그리고 독일인이라면 누구나 좋아하는 과일 맛이 나는 작은 곰 모양의 젤리 하리보HARIBO 한 봉지가 들어 있었다. 전기밥솥과 쌀은 화가이신 사모님이 넣으셨고 보쉬Bosch 커피포트는 교수님이 직접 시내 나가서 사 온 것이라 했다. 전기밥솥과 쌀을 보니 눈물이 날 것 같았다. 커피포트를 보내는 것은 아직은 추운 독일 날씨에 견디려면 따뜻한 차를 많이 마셔야 한다고 연필로 써 내려간 편지에 적혀 있었다. 카밀렌 차는 들국화 차의 일종인데 저녁 늦게 마셔도 좋고 속 쓰릴 때 마셔도 좋으며, 빨갛게 우러나는 동백꽃 차는 비타민C가 많다는 말도 빼놓지 않고 차가 든 종이 케이스마다 적어 놓으셨다.

돌아보니 어느덧 스물다섯 해 전 일이지만 어제 일같이 생생하고 지금도 매일 아침 커피포트에 찻물을 데울 때마다 가장 어려운 시기에 선물을 보내주신 독일 교수님의 따뜻한 인정을 생각한다. 낯선 이국땅에서 말도 잘 안 통하고 미래에 대한 전망도 불투명하고 모든 것이 시계 제로에서 움직이던 시절이니 더 그랬다. 밤이면 머리끝부터 발끝까지 검은 옷을 두른 마녀라도 걸어 다닐 것 같은 중세 소읍은 너무나 고요했고, 사람 그림자 하나 보기 힘든 로텐부르크의 달밤은 나를 더 처량하게 했다. 밤마다 도둑고양이처럼 서울에 두고 온 어린 딸 생각에 무섭도록 조용한 성곽 길을 지나 공중전화로 향했다. 5마르크나 10마르크짜리 공중전화카드는 속절없이 얼마나 빨리 떨어지던지…… 독일 교수님에 대해 감사함과 딸아이에 대한 그리움, 그리고 유학 생활 초기 희망 없는 얼굴빛으로 내 곁을 서성이던 절망 같던 우울한 희망과 간절한 절박함이 지금의 나를 있게 한 것 같다.

커피포트 안에는 독일 수돗물에서 나온 석회 흔적이 하얗게 남아있지만 그것은 추억의 앙금이 남긴 찬란한 역사라고 생각한다. 독일 교수님은 남도의 운주사 석불에 매료되어 『미륵-운주사 천불천탑의 용화세계』(학고재, 1997)란 책을 내기도 했다. 어느 한국인 예술가도 운주사에 관심 두지 않던 시절이니 그가 남긴 사진 속의 천불천탑에는 천연덕스럽게 소를 몰며 쟁기질하는 농부의 일상 풍경이 담겨있다. 푸른 눈의 미학자는 운주사 머리 잘린 부처님께 반하여 오랜 시간 공들여 사진을 찍고 공부하며 글을 썼으니, 어쩌면 그도 용화세계에 살던 미륵이 잠시 현현한 것일지 모르고, 생존을 목적으로 내게 커피포트를 보내준 그는 미륵임이 분명하다.

용화수 아래서 중생을 구제하기 위하여 미래에 오실 부처만 미륵이 아니라 나에게 사랑을 베푼 모든 사람은 미륵이다.

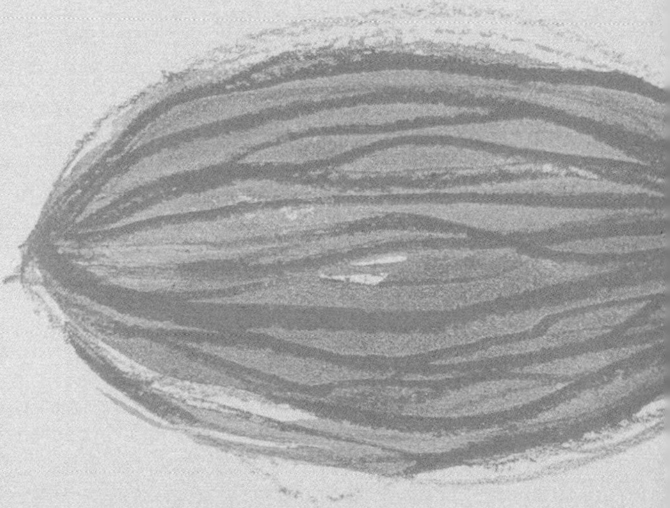

4장

함부르크의 브람스 캘러가 생각나는,
가을에 듣는 브람스의 느림

　함부르크 대학 부근에 '브람스 캘러Brahms Keller'라는 곳이 있다.

　카페와 술집을 겸한 이 작은 공간을 아지트 삼아 시간이 날 때면 들러 책을 보다가 포도주 한 잔을 곁들이기도 했다. 불온한 꿈을 꾸는 혁명가들의 은신처 같기도 했고, 예술을 전복시키려는 아방가르디스트avant-gardiste들의 토론과 꿈이 익어가던 지하실 같기도 했던 '브람스 캘러'를 처음 찾은 것은 잿빛 구름이 낮게 내려앉은 겨울 함박눈이 내리던 날이었다. 함부르크 대학 앞에는 질 좋은 책들을 파는 헌책방들이 즐비했고 시인 하인리히 하이네 이름을 딴 '하이네 서점'도 있는데 책들을 할인해 팔 때가 많아서 좋은 책을 싸게 살 때면 어김없이 '브람스 캘러'로 달려가 책을 펼쳐보며 상상의 세계로 갈 수 있었다. 독일의 헌책방들은 말이 헌책방이지 안으로 들어가면 무제움 같은 곳도 있어서 괜히 주눅들 때가 있었고, 백 년 전 책들 또한 어제 나온 것처럼 말끔했다. 단골 헌책방에서 책을 살 때 주머니 사정이 여의치 않으면 가게 주인한테 팔지 말라고 맡겨 둘 수가 있었다. 그러면 연필로 Herr Min(Mr. Min)이라고 쓴 종이쪽지를 책과 함께 고무 밴드로 묶어 길게는 한 달까지도 보관해주었다. 전화번호도 없이 성만 적었지만 이 사회에서는 묵시적으로 약속은 지켜야 한다는 무언의 룰이 통하고 있었다. 독일 병정처럼 무뚝뚝해 보이는 사람들이지만 실은 무척 인간적이라는 것도 알았다. 오래된 책방들과 LP 음반 가게, 학생들이 오가는 대학과 카페들이 있는 한적한 이 공간을 나는 사랑했다. 그래서 매일 이 거리를 걷다 손꼽아 고대하며 사고 싶은 책을 산 날에는 저절로 발걸음이 '브람스 캘러'로 향할 수밖에 없었다.

'캘러Keller'라는 독일어는 '지하창고' '지하실' '포도주 저장실' '지하 술집' 같은 의미로 쓰이는데, 함부르크에서 나고 자란 음악가 브람스를 가게 이름 앞에 갖다 붙여 '브람스 캘러' 하면, 우아하고 고상하면서도 친근감이 들었고, 브람스가 포도주를 보관해 두는 지하실이나 술광 같은 묘한 이미지를 떠올리게 했다. 음악도 〈대학축전서곡〉이나 〈클라리넷 5중주〉 같은 브람스 음악이 자주 나왔는데 그중 가장 인상 깊었던 곡이 〈바이올린 협주곡〉 2악장 아다지오였다. 함부르크의 겨울날 습도 머금은 고독과 사색이 브람스적인 느낌에 실려 삶의 무늬를 생각하게 했다. 시간의 띠에 새겨진 삶의 풍경을 음화陰畵필름처럼 보여주는 브람스의 아다지오.

 브람스의 〈바이올린 협주곡〉 D장조 op.77 2악장 Adagio를 들으면 시간의 무늬가 보인다.
 아다지오란 시간을 느리게 비춰주는 거울 같은 것. 시간의 무늬는 속도를 상실한 시간의 얼굴이다. 속도가 지배하는 서울에서 속도를 상실한 시간의 얼굴을 브람스의 아다지오를 통해 만나는 일은 가을날의 축복이다. 격정적인 여름과 엄혹한 겨울 사이에서 삶을 반추하고 사색할 수 있는 가을은 느림을 통해 생을 완성해가는 시간이다. 언제나 미완의 완성으로 남을 수밖에 없는 생일지라도 가을날이 아름다운 것은 속도를 상실한 시간의 무늬를 볼 수 있고, 브람스의 아다지오가 그 모든 것을 숙고하는 데 얼마간의 도움을 준다. 누구든 애수에 잠긴 사람이나 가을을 사랑하는 사람들, 조금 철학적인 산책을 하며 낙엽을 밟고 싶고 자기만의 창가에서 별을 바라보고 싶은, 느림의 미학이 무엇인지 깊이 성찰하고 싶은 사람들, 브람스를 몰랐는데 올가을 브람스를 알고 싶은 사람들, 프랑수아즈 사강처럼 〈브람스를 좋아하세요〉라고 누군가에게 문득 물어보고 싶은 가을날에는, 사람에 대한 원망이나 회한 미련 아쉬움 같은 것을 마음 한구석에서 내려놓고 싶을 때, 그리하여 사람에 대한 미움을 버리는 것이 나를 사랑하는 것임을 느낄 때, 그렇게 조금 맑아진 눈으로 먼 산과 푸른 하늘을 바라보고 싶을 때, 그래 삶이란 끝없이 나란 존재를 향해 내면으로 가는 길을 내는 거야라고 말하고 싶을 때, 노천카페에서 커피를 마시며 흉금 없는 대화를 나눌 때, 깊은 밤 고독 깊은 외로움에 너무 막막할 때, 누군가와 이야기하며 속내를 털어놓고 싶은데 돌아보면 아무도 없을 때, 내가 제일 힘들고 어렵다고 생각했는데 수술하느라 머리를 열었다는 친구의 소식을 들었을 때, 브람스의 아다지오는 가을의 삶은 조금 느리게 진행 시키라고 말한다. 가을날은 속도를 상실한 시간의 무늬가 보일 것만 같다. 서른 살에 요절한 천재 바이올리니스트 지네트 느뵈Ginette Neveu의 연주로 브람스 〈바이올린 협주곡〉 2악장 아다지오를 들어본다. 그녀가 연주하는 브람스의 아다지오가 조금 더 서러워져서 죽음의 강 불구덩이를 건너온 기억마저 조금 더 서러워져서 우리 생을 투명하게 비칠 가을날의 느림을 찬미하게 되기까지!

밤이면 달빛 타고
여행을 떠나는 사물들의 꿈

 사람들은 저마다 자기가 아끼는 사물 한둘쯤 지니고 살아간다.

 독일에서 공부할 때 주말이면 벼룩시장 구경을 간 덕에 낯선 사람들과 이국적인 문화, 소소한 사물들을 보며 행복했고 마음에 드는 것을 하나둘 살 수 있었다. 지금처럼 유로화를 쓰지 않고 그때는 독일 화폐인 마르크를 써서 물가도 훨씬 쌌다. 현재 1유로가 1,363원가량인 데 반해 그 당시 1마르크는 600원도 채 못 되었으니 빡빡한 주머니 사정에도 숨을 쉴 만했다. 벼룩시장에서 웬만한 것들은 보통 1~2마르크, 비싸야 5마르크 정도였고, 명기라고 하는 스크래치 하나 없는 턴테이블이나 튜너 같은 음향기기도 10마르크면 샀다. 사물에 관해 눈이 밝은 편인 나는 전등을 켰을 때 소소한 행복을 주는 유리 램프와 예술에 관한 아름다운 책들과 명반이라고 하는 클래식 LP 음반, 돈키호테 나무조각상, 차를 마실 때 쓸 (독일의 유명한 도자기회사에서 만든) 찻주전자teapot와 찻잔, 연필들과 연필깎이, 반세기가 지난 라디오, 질 좋은 종이로 만든 편지지와 편지 봉투, 이젤과 아크릴물감, 풍경화와 정물화 액자, 촛대 등을 보고 가끔 마음에 드는 것을 사곤 했다.

사물들에는 정신이 부재하지만, 정령이 아예 없는 건 아니라고 생각했다. 그렇다고 내가 모든 사물에는 영혼과 같은 영적, 생명적인 것이 있다고 믿는 애니미즘 숭배자는 아니다. 사물에는 해독할 수 없는 꿈이 있다고 믿어왔다. 좋아하는 사물 중에 함부르크 벼룩시장에서 5마르크(3,000원)와 1마르크 주고 산 유리 램프가 있다. 초록색 유리와 주황색 유리가 튤립 풍의 둥그스름한 갓 모양으로 된 램프인데 환하게 불이 들어오면 내 영혼의 켜지지 않은 램프에도 불이 들어온다. 어두운 밤 책상을 밝히는 초록색과 주황색 램프는 샤먼의 무구처럼 내 영혼에 불을 지펴 글을 쓰게 한다. 글을 쓰려면 정전되었던 영혼에 불이 켜져야 하는데 이럴 때 유리 램프를 따뜻한 색으로 채우는 불빛은 예술의 신과 접신하며 마음에 꿈을 강림시킨다. 아무것도 없는 흰 종이에 글을 쏠 수 있는 것은 이루어야 할 꿈이 있기 때문이다. 사물은 사물에 불과할지 모르고 사물은 영혼을 갖고 있지 않겠지만 사물에는 우리가 잘 모르는 낯선 꿈 하나 정도는 있다. 내가 품고 있는 꿈도 볼 수 없는데 사물의 꿈을 엿본다는 것은 얼마나 지난한 일일까.

유리 램프의 불을 끄고 내가 잠자리에 드는 순간 램프의 정령은 여행을 떠난다.

램프도 여행이 필요하다. 불이 켜져 있는 동안 램프는 내게 꿈을 공급하기에 자신은 여행을 통하여 꿈을 채우고 다시 돌아온다. 우리의 꿈도 사물의 꿈처럼 여행을 통해 꿈을 충전한다. 먼 곳이 아니더라도 낮잠을 통해, 산책을 통해, 카페테라스에서의 커피 한 잔을 통해, 책 읽기와 음악 듣기를 통해, 먼 산 바라보기를 통해, 풀벌레 소리를 통해, 꽃과 나무를 통해 우리의 꿈은 잠시 여행을 한다.

사물을 좀 더 깊은 시선으로 혹은 무심히 바라보고 이야기하면 신기하게도 사물은 꿈 한 자락을 내어준다. 내 나이 여섯 살 적에 너무 먼 곳으로 가신 서른 살 어머니가 남겨둔 노리다케Noritake 찻주전자와 커피 잔들을 볼 때면 지금도 모정이 숨 쉬는 것을 느낀 것처럼, 누구에게나 사물에서 느끼는 특별한 인연과 마음은 있다.

    머리핀 하나, 연필 한 자루, 낡은 시계, 손으로 뜨개질한 스웨터…… 무엇이든 자기가 아끼는 사물이 있다면 그것은 소유하기 때문이 아니라 나를 존재하게 만드는 설명되지 않는 꿈이 있기 때문이다.

능과 능 사이의
낯선 길

'금척金尺'의 버려진 능들

다시 경주를 찾은 것은 그 해 겨울이었다.

어둠이 내린 시외버스 터미널에서 황남동까지 걷는데 코끝이 시리고 머리털이 주뼛 서는 바람이 불어왔다. 오래된 골목길을 걸어가면 희미한 불빛 아래 신라금 타는 소리 들려오고, 빛바랜 흙 담 길모퉁이 돌아서면 논두렁 옆 황룡사지를 서성이는 서라벌 사람이 있을 것만 같다. 여관을 잡기 전에 먼저 능을 보고 싶었다. 능과 능 사이에 사위는 달빛 속에 검푸른 대지로 솟아오른 능의 곡선들은 어머니 젖가슴처럼 따뜻했다. 달빛 내린 능과 깊은 어둠에 잠긴 능은 죽은 자의 정령 머무는 공간이 아니라 세상에 태어나려는 자들의 장엄한 침묵 같았다. 능을 볼 때마다 능이 이야기를 걸어왔다. 능은 시간의 슬픈 껍질을 벗고 황금빛 꿈을 꾸고 있었다.

나는 레퀴엠 대신 능 안에서 탄생할 생명에게 황금빛 날개를 달아주고 싶었다. 배낭에서 작은 카메라를 꺼내 능위에 뜬 달과 별과 바람에 씻긴 능을 사진에 담았다. 새벽 3시의 추위에 내장까지 시렸고 꽁꽁 언 몸은 미지근한 여관방에서도 풀리지 않더니 아침 햇살에야 나른한 균열이 일기 시작했다.

 슬프게 아름다운 능의 무리를 보았다.
 경주 외곽으로 버스를 타고 가다 우연히 보게 된 황홀한 능의 정경! 한 무리의 능이 황량한 들녘에 팽개치듯 널려있었다. 박혁거세가 하늘로부터 받은 '금金'으로 만든 '자尺'를 감추기 위해, 주변에 마흔 개의 비슷비슷한 능을 만들었다는 '금척金尺'의 능들. 대능원이나 계림 주변의 능, 누구누구 왕릉과 어느 장군의 능은 웅장하며 정리가 잘되어 있고 국적 불명의 가로등일지언정 휘황한 불빛을 이고 있지만, 금척의 능들은 척박한 불모지대에 자란 잡초처럼 우뚝우뚝 솟아있었다. 능과 능 사이에 어지럽게 난 경운기 바퀴 자국과 리어카 지나간 흔적은 안데스의 나스카 지상화처럼 그려져 있고, 작은 산봉우리만 한 봉분마다 웃자란 잡풀과 억새, 바람에 날리는 검은색 비닐봉지와 과자 봉지, 해독이 불가능한 녹슨 안내표지판, 찢어진 비닐하우스, 널브러진 사과 궤짝, 하늘에서 흘러내린 능의 곡선이 땅으로 스며드는 자리에 접한 밭 한 구석의 얼은 배추 몇 포기…… 어두워지면 불빛 한 점 없는 적막에 잠기는 금척의 능들은 어둠의 제왕처럼 보였다. 그러나 아이들은 해지는 줄도 모르고 종이 상자 썰매에 앉아 능 꼭대기에서 신나게 미끄럼을 탔다. 해거름 속으로 이름 모를 슬픔이 밀려들었다. 슬픔이 옷을 벗을수록 겹겹이 드러나는 슬픔의 껍질을 가만히 쳐다보면 그 위에서 초저녁별이 반짝였다.

황남동 골동품 가게 안에는 토기, 와당 등이 가득 들어차 있었다. 고릿적 물건 냄새 질은 방에서 팔순 할아버지께 옛이야기를 듣다 보면 한나절이 후딱 갔다. 그때는 대능원 담장과 매표소도 없었고 능 사이를 걸어 집으로 점심 먹으러 갔던, 마당을 파다 토기가 나왔던 시절이라고 했다. 신라 다방에서 배달되어온 커피를 마시며 할아버지 이야기를 듣다 보면 능속으로 들어가 시간여행이라도 다녀온 듯했다. 할아버지는 보이는 능만 찾지 말고 보이지 않는 능도 찾아보라고 말했다. "젊은이! 시내 밖으로 나가보면 우리가 잘 보지 못하는 능들도 많다네. 시내서 보는 능만 능이 아니거든. 능의 낯선 얼굴도 찾아보시게……" 하긴 경주 외곽을 돌다 우연히 만난 금척의 능도 그랬다. 금척의 능들은 내가 알고 있던 능의 정상적인 궤도를 벗어난 것 같은, 현실에 있지만 비현실적인 것처럼 보이지 않았던가.

허허벌판에 능을 뒷동산 삼아 집들이 옹기종기 있었다던 할아버지 이야기는 유성기에서 들리는 잡음처럼 아련한 풍경이 된 지 오래다. 〈카로 미오 벤〉의 그리운 추억의 노래처럼 경주가 정겹게 느껴지는 것은 무엇 때문일까. 어디를 가도 볼 수 있는 커다란 능의 봉분이 어머니 젖무덤 같아서일까. 삶과 죽음이 공존하는 도시에서 삶이란 죽음의 안쪽에 있는 메멘토 모리 같은 것이니, 생 앞에 겸손하라는 걸 능이 보여주기 때문일까.

낯 모를 그리움에 이끌려 시외버스를 탔다.

다시 금척을 찾은 것은 성탄절 햇살이 막 수그러들 무렵이었다. 나는 능과 능 사이의 낯선 길을 걸어갔다. 우리들 삶터 어딘가에 있지만 외진 곳으로 밀려나 있는 금척의 능들. 대능원의 능들과 거대한 왕릉들은 여전히 졸렌의 역사를 강요하는 것 같았지만 금척의 능들은 오래전부터 함께 살아온 할머니 할아버지 같았다. 비록 머리에 금관을 쓰지 않고 금

귀걸이와 금장식의 허리띠도 하지 않고 금신발도 신지 않았지만, 조금 못나 보일지언정 누군가의 마음 한 자락에 머물 것 같고, 누군가의 기억을 헤적여보면 있을 것 같은 금척의 능들. 병풍처럼 둘러쳐진 산등성이가 붉게 물들고 있었다. 밤의 여왕이 찾아오기 전에 금척의 능들을 필름에 담고 싶었다. 뷰파인더로 보이는 능과 천년 두께의 설화가 카메라에 저장될 때마다 풍경도 무언의 시를 써나갔다.

  나는 능과 능 사이의 낯선 길을 걸으며 금으로 만든 자가 어느 능에 숨겨졌을까 생각했다. 그러나 능 주변을 아무리 맴돌아도 마흔 개의 가짜 능과 금으로 만든 자가 숨겨진 능을 구분하는 일은 불가능했다. 사막 어딘가에 숨겨진 바늘을 찾는 것처럼 어리석은 일이었다. 금척의 능들은 경주에 존재하지만 어떤 실재나 본체가 없는 현실 너머 매트릭스 세계 같았다. 박혁거세는 하늘로부터 받았다는 금으로 만든 자 이야기를 통해 사람들에게 꿈꾸기에 관한 숙제를 낸 것은 아닐까? "현실은 진실과 거짓이 혼재하는 매트릭스 세계야. 그러니 끊임없이 상상하며 꿈을 꾸어봐! 금척의 능들은 현실 안에 부재하는 현실일지도 몰라."하고 그가 말하는 것 같았다. 필름에 능의 모습이 쌓여갈수록 어둑어둑해지는 빛에 셔터는 늦게 떨어졌지만 금척의 능들은 박명薄明속에서 광휘롭게 변신해갔다.

  산 아래 마을에 어둠이 내려오고 있었다. 집집마다 등불이 걸리고 금척의 능들도 흘러간 꿈을 반추하며 미륵을 꿈꿀 시간이다. 좀처럼 오지 않던 막차가 저만치 어둠 속을 달려오고 있었다.

소설가 박완서 선생님과 함께 한 여행;
다산초당에서 백련사까지 그리고
강진 낡은 집 마당에 핀 수선화와 지는 동백

　강진을 처음 간 것은 29년 전 소설가 박완서 선생님과 함께 남도 여행을 할 때다.

　다산초당과 백련사를 시작으로 구례 운조루, 화순 운주사, 하동 평사리를 순례하는 남도 여행은 처음이라 적지 않게 마음을 설레게 했다. 영랑 생가 인근 들녘에는 모란밭이 지평선까지 펼쳐져 있었다. 바람이 불 때마다 거대한 모란의 파도가 출렁거렸고 우리는 꽃 물결에 섞여 활짝 핀 모란처럼 함박웃음을 지으며 사진을 찍기도 했다. 그날 이후 그때처럼 끝도 안 보이는 모란밭을 본 적이 없어서인지 가끔 강진에 들를 때면 모란밭 없는 강진에 허전한 마음이 든다.

　소설가 박완서 선생님은 문단에서 구력이 꽤 되는 작가들조차 쉽게 다가서지 못하는 기품이 있으셨다. 지나치게 깔끔

하고 옷맵시 또한 단아했으며 한쪽 팔을 앞에서 좌 측방으로 천천히 저으며 우아하게 걷는 모습은 아무도 흉내 낼 수 없는 선생님만의 독특한 걸음걸이다. 선생님의 속마음을 모르는 사람들은 예전의 서울깍쟁이를 말할 때처럼 조금 어렵게 말할 수도 있지만 그건 매사에 분명한 그분의 성격과 지고한 품격 때문일 것이다. 작가로서 지고한 품격이 없다면 장터의 장돌뱅이와 다를 바도 없고, 요즘의 시인 작가들과 구분되는, 선생님 시대 작가들에게서만 느낄 수 있는 작가적 엄숙주의도 그리운 시대가 됐다.

한 번은 C 신문사의 이름 꽤나 알려진 C 기자가 내게 전화를 걸어온 적이 있다. 박완서 선생님과 인터뷰하고 싶은데 선생님께서 한사코 거절하신다는 거였다. C 신문의 지면 하나를 할애하는 문학 인터뷰라면 작가치고 마다할 이유가 없었고, 어느 작가가 그런 인터뷰를 사양했다는 말을 들어본 적도 없다. 선생님께 왜 인터뷰를 거절하시냐고 물었더니, "인터뷰를 하고 나면 내가 한 말과 뉘앙스가 다르게 기사가 나온다"란 말이 돌아왔다.

웬만하면 그런 기사도 좀 융통성 있게 봐주시고 그냥 넘어갈 수도 있으련만 선생님은 작가적으로 깐깐하고 문학에 대한 올곧은 소신을 갖고 계셔서 당신의 생각이 조금이라도 윤색된 기사를 견디지 못하셨다. 하지만 따뜻한 미소만큼이나 인간과 세상에 대해 넉넉한 마음을 가지셨던 게 인간 박완서 선생님이셨다. 여행하다 보면 사람의 속내를 잘 알 수 있다. 여행은 사람 누구나 가진 일정 부분의 가식이나 체면, 염치, 교양 같은 것들을 무장해제 시키는 마력이 있다. 여행지에서의 선생님은 느긋하게 여행을 즐기면서도 학구적이었고 유적지에서 무엇을 볼 때면 호기심 많은 소녀처럼 눈망울이 똘망똘망했다. 챙이 큰 모자를 쓰고 느릿느릿 걷는 모습에선 여행자의 여유가 묻어났다. 여행 중에는 그렇게 소탈할 수가 없고 누구보다 농담도 잘하시고 젊은 후배 작가들이 음담패설을 할 때면 슬그머니 끼어들어 한 수 훈수를 두시니 선생님 역시 구라가 센 영락없는 소설가셨다.

다산초당 앞 평평한 바위에서 우리는 한가로이 다산의 생애와 학문에 관해 이야기를 했다. 선생님은 간간이 연암과 더불어 다산에 대해 말씀하셨고 우리는 각자가 알고 있는 다산을 말하며 이야기꽃을 피웠다. 나는 다산도 다산이지만 그의 부인 홍씨洪惠婉,1761~1838는 조선 사대부 여인의 지고지순한 사랑을 지녔다고 생각했다. 유배지에서 십삼 년을 살고 있는 남편에게 부인이 보냈다는 빛바랜 치마에 얽힌 부부의 사랑이 그랬다. 부인이 시집올 때 가져온 붉은 명주 치마를 유배지에서 받은 다산은 어떤 심정이었을까. 가족에 대한 사랑이 남달랐던 다산은 치마 조각에 자신을 경계하라는 글을 써 넉 점의 작은 서첩書帖을 만들어 두 아들에게 주었고, 남은 치마 조각에는 매화 참새가 그려진 매조도梅鳥圖를 그리고 시문을 적어 딸에게 주었다고 한다. 나는 무엇보다 남편을 유배지로 보낸 뒤 시집올 때 입은 치마를 고이 접어 남편에게 보낸 병든 부인의 사랑에 대해 생각했다. 다산은 유배지 강진에서 18년을 살았다.

다산초당에서 백련사 가는 산길은 마음으로 걷는 고요한 길이다.

그 옛날 다산도 이 길을 걸으며 마음에 별빛을 담고 진달래꽃 한 송이를 꺾어 물고 그리운 이를 찾아갔을 것이다, 초의를 만나 마셨을 차 한 잔과 한담을 헤아릴 길은 없지만 그들의 이야기에 묻힌 낯선 그리움이 그 오랜 세월을 견디게 하는 힘이 되었을 것이다.

도암만이 보이는 작은 시골 마을을 거니는데 마당이 훤히 보이는 어느 집 화단 앞에서 우리 일행은 걸음을 멈추었다. 작은 화단에서는 노란 수선화가 피고 빨간 동백 몇 송이가 떨어져 흙을 불그스레 물들이고 있었다. 별것도 아니었고 누구 하나 거들떠보지 않는 낡은 시골집 화단 풍경이련만 선생님과 나는 그 앞에서 한참을 서성거렸다. 말이 화단이지 대문 옆 담장에 기댄 동백나무 한그루와 수선화가 전부였다. 시골 아낙처럼 부스스하게 생긴 동백나무는 생의 절정일 때 새빨간 꽃을 아래로 떨구는 법을 알고 있었다.

꽃으로 가장 화려한 순간 그 빛남을 떨구는 동백의 심사는 무엇일까? 목련은 그렇게 우아하게 꽃을 피우다가도 땅에 떨어질 때면 꽃 모양이 이지러지거나 널브러져 애련한 마음이 들건만, 함초롬한 꽃봉오리째 '툭, 툭' 낙하하는 동백은 보는 이로 하여금 가슴 저리게 한다. 동백은 꽃 모양이 허물어지는 걸 보여주고 싶지 않은 고고한 족속이었던지 아니면, 시인 라이너 마리아 릴케의 말처럼 아름다움이 우리를 파괴하려고 천연덕스럽게 비웃고 있는 것을 느끼게 해주려는 것인지, 우리를 유혹하는 그 마음을 헤아릴 길이 없다. 아름다움이란 단순히 예쁜 것이나 우리를 눈멀게 하는 미적 풍경이 아니라, 틀에 박힌 우리의 마음 어딘가를 끊임없이 파괴하여 미적 성찰에 이르게 하는 것인지 모른다.

나는 막 땅에 떨어진 동백 꽃봉오리와 흙빛으로 물들어가는 연붉은 꽃잎을 보며 생을 겸손한 마음으로 숙고했다. 노란 수선화가 싱싱하게 피어나서인지 흙 위를 뒹구는 동백에서 쏠쏠하면서도 싱싱한 아름다움을 보았다. 누구 하나 눈길 주지 않는 바다가 보이는 허름한 마을 작은 화단이지만 나는 아름다움이 보여주는 불협화음에서 여행의 기쁨을 보았다.

소설가 박완서 선생님과 함께 한 여행; 순천의 자운영꽃 핀 들녘과 와온 바다에서 별빛 밟기

 와온 바다를 찾아가는 순천의 한 들녘에서 끝도 없이 펼쳐진 자운영 꽃밭을 보았다.

 올망졸망한 꽃들이 들어찬 자운영 들녘은 자줏빛 구름이 흘러가는 것처럼 보였다. 오월의 맑고 싱그러운 바람 불어오는 순천 들녘은 살아있다는 게 얼마나 행복한 것인지 느끼게 했다. 여행이란 게 꼭 프라하의 카를 다리나 하이델베르크 성에서 내려 보는 네카 강변 풍경이라든지, 파리의 몽마르트르 길을 걸어야만 낭만을 느끼고 삶을 반추할 수 있는 건 아닐 것이다. 빈 벌판을 가득 채운 자운영 들녘은 강인한 생명력의 바다였다. 너른 들에서 낭창낭창하게 흔들리는 자운영 꽃밭에서 소설가 박완서 선생님은 경이로운 표정을 지으셨다.

지난 20여 년간 선생님과 함께 유럽과 티베트, 실크로드까지 여행했었지만 어떤 풍경을 보고 이처럼 신나 하시는 모습을 본 적은 드물었다. 외진 들녘을 차지하고 생명을 꽃피운 야생화들은 꽃의 우주를 건설한 것 같았다. 모든 살아 있는 것들은 그지없는 사랑을 지녔기에 우리는 이 원시적인 들녘에서 원시적인 힘을 느꼈고 죽어도 잊지 못할 풍경을 마음에 새길 수 있었다. 거대한 꽃밭에서 사진을 찍는데 얼굴만 쏙 나온 사진 속의 선생님도 한 송이 자운영으로 피어나고 있었다. '그대의 관대한 사랑'이란 꽃말을 간직한 자운영은 우리들 마음을 아주 너그럽게 해주었고, 누구 가슴에는 자줏빛 자운영 꽃다발을, 누구 가슴에는 눈부신 오월 들녘 햇살 한 줌을, 또 누구 가슴에는 야생의 꽃바람 한 줄기를 심어주었다.

와온 바다를 저만치 앞두고 거문도 식당에서 점심을 먹었다. 정갈하고 인정 깊고 맛 좋은 전라도 반찬들이 줄지어 들어왔고 이 집에서 직접 빚었다는 동동주도 반주 삼아 서대회를 맛있게 먹었다. 특히 큼지막한 갈치구이는 이만한 데가 없을 정도로 맛이 기가 막혀서 선생님도 커다란 한 토막을 다 드셨다. 박완서 선생님은 간장게장을 좋아하셔서 강

진의 한 식당에서도 간장게장을 추가한 적이 있었는데 이 집에서도 마찬가지였다. 동동주 맛도 향기로웠다. 선생님은 독주를 좋아하셨고 나도 독주를 좋아해서인지 선생님 댁에서 둘이 밥을 먹을 때면 우리는 독한 술을 건배하곤 했었다. 가끔 느꼈던 것이지만 독주를 드시는 선생님 표정에선 작가적 고뇌와 인간적 고독이 묻어났지만 그건 어찌할 수 없는, 누구나 겪어야 하는 신산한 삶의 그림자였다. 세상에서 알아주는 소설가 박완서라고 왜 근심과 번민이 없었을까. 그이 역시 안톤 체호프가 「우수」에서 말했던 "누구에게 내 슬픔을 이야기하랴?" 같은 가눌 수 없는 고통과 슬픔의 무게에 짓눌리지 않았으랴! 밥을 먹을 때나 약간의 술을 마실 때나 선생님의 그런 표정을 읽을 때면 나는 조금 엉뚱한 말을 꺼내곤 했었다. 식당에서 밥을 먹거나 카페에서 차를 마시거나 여관에서 잠을 잘 때나 계산은 늘 선생님 몫이었다. 선생님의 무제한으로 쓸 수 있는 아름다운(?) 카드를 긁으며 나는 '가라' 싸인을 했다.

　와온 바다를 선생님은 각별히 사랑하셨고 해마다 봄이 오면 성지 순례를 하듯 우리는 와온으로 갔다. 와온이 아름다운 건 이름 그대로 '누워 잠든 따뜻한' 바다 이미지 그대로 사유하는 바다 같았기 때문이다. 길게 드러난 뻘을 따라 붉게 물드는 해거름 녘, 저물면서 눈부신 금빛 바다는 '코기토 Cogito, 나는 생각한다'의 모습을 한 사유하는 인간 같이 침묵 중이었다. 사람이 바다를 보며 생각에 잠기는 것은 숭고한 대자연 앞에서 느끼는 희열의 공포와 함께 찾아드는 절대적인 고독, 무력함 등도 있겠지만, 바다가 거울이 되어 지나온 삶을 비춰주기 때문이다. 박완서 선생님이라고 다르지 않으셨다. 홀로 와온 해변을 거니는 선생님은 사색에 잠긴 채 숙명을 받아들여야만 하는 번민하는 인간으로 보였다. 그럴 때면 나는 멀찌감치 떨어져서 카메라 줌 렌즈를 이용해 사진을 찍었다. 박완서 선생님의 인간적 고뇌가 설핏설핏 보이는 모습 중에 다비트 카스파 프리드리히의 그림 〈바닷가의 수도사〉 같은 사진이 있다. 해거름 녘 해변 끄트머리에서 불그스레한 하늘과 바다 저 너머를 바라보는 사진인데 멀리서 찍힌 선생님은 무슨 생각을 하셨을까?

새봄이 오면 자운영꽃 핀 들녘을 보러오자는 말과 와온 바다를 다시 찾자는 선생님과의 약속은 끝내 지켜지지 못했다. 선생님은 와온 바다 위에 뜬 별이 되었다. 가끔 와온에 갈 때면 밤바다에 반짝이는 별빛을 밟고 올라가 선생님을 만나고 돌아온다.

여행을 떠나 사랑하는 바다를 찾을 수 있고, 그 바다에서 생각에 잠겨 삶을 반추할 수 있는 공간이 있다면, 그래도 인생은 아름답다.

소설가 박완서 선생님과 함께 한 여행;
구례 섬진강에서
느린 시간이 끄는 줄배 타기

 지금보다 시간이 더디 가는 세상에서 살 수 있었던 건 행운이다.

 시간의 집에서 태어나 시간 열차를 타고 달리는 우리들 삶은 어느 시대를 살아가든 시대를 초월하지 못한다. 한 번은 박완서 선생님께 불쑥 "선생님! 예전하고 지금하고 언제가 더 좋으세요?"라는 조금 형이하학적인 질문을 드린 적이 있었다. 선생님은 웃으실 때 가는 눈의 선한 미소를 지으시는데 그날 역시 얼굴 가득 웃으시며 "예전도 좋았어. 사는 게 지금만 못할 거라 여기지만 그렇지 않거든. 그때는 그때대로 사는 멋이 있었어. 사람들도 좋았고……" 란 말이 돌아왔다. 사람은 현재를 살며 미래를 예감하는 삶을 살 수밖에 없지만 생의 밑천이 되어주는 건 과거다. 과거가 단순히 지나간 시간으로 치부되지 않는 건 그것이 설령 상처나 슬픔일지라도 상처와 슬픔이 생을 밀고 가는 힘이 있고 또 아름다운 추억이 삶을 밀고 가는 힘이 있기 때문이다.

선생님과 함께한 지난 20여 년의 시간을 헤적여 보면 오롯이 떠오르는 추억 중의 하나가 섬진강에서 '줄배' 타기다. 그때만 해도 섬진강에는 다리가 없었다. 학교 가는 초등학생부터 여고생까지, 회사원, 화개장터를 오가느라 머리에 커다란 짐 보따리를 얹은 여인네들, 자전거를 싣고 일 보러 가는 아저씨들, 할아버지와 할머니들 모두 섬진강 이편에서 저편으로 가기 위해서는 '줄배'를 타야만 했다. '줄배'란 말 그대로 '줄로 끄는 배'를 말한다. 섬진강 이편과 저편 허공에는 굵은 로프가 설치되어 있었는데, 사람들이 배에 타면 뱃사공은 노가 아니라, 손으로 줄을 잡아끌어 배를 이동시켰다. 뱃삯도 동전을 냈던 것으로 기억나고 마을과 마을을 수시로 오가는 나룻배였으니 뱃삯이 비쌀 리도 없었다.

우리가 줄배를 타기 위해 나룻배 앞으로 갔을 땐 마침 한가한 시간이라 아무도 없었고 사공도 없었다. 흥분된 마음으로 배에 오른 우리는 직접 줄을 당겨 배를 나아가게 했다. 섬진강 푸른 물 위로 나무색 빛바랜 배가 미끄러져 나갔다.

줄을 천천히 당겨도 물살을 헤치는 배 위에서 누구 하나 산타루치아를 부르진 않았지만, 속으론 누구 하나 노래를 부르지 않은 사람도 없었으리라. 거울처럼 맑은 강물에 우리 일행은 번갈아 가며 얼굴을 비쳐 보았고, 그 물에 비친 자기 얼굴은 오래도록 저마다의 가슴에 남아있을 것이다. 박완서 선생님도 뜻하지 않은 섬진강 뱃놀이(?)에 어린애처럼 좋아하셨다. 나는 그날따라 카메라에 흑백 필름을 넣었었는데 이날 찍힌 사진에는 흑백보다 더 순수한 순금의 미소가 얼굴마다 박혀 있었다. 1993년 봄께였다.

독일 유학 중이던 1998년 여름방학에 미완의 평사리 사진 작업을 끝내려 섬진강을 다시 찾은 적이 있었다. 구례에서 하동 쪽으로 19번 국도를 따라 달리는데 차창 밖으로 저만치 줄배가 오는 게 어렴풋이 보였다. 무의식적으로 급히 차를 세우곤 카메라를 꺼내 물 위를 미끄러지는 줄배를 보며 100m 달리기하듯 뛰어갔다. 곧 접안할 것 같아서였다. 그리곤 헐떡거리는 숨을 고를 새도 없이 카메라로 조준사격 하듯 줄배에 겨눴다. 거친 숨에 카메라가 흔들렸지만 뷰파인더에 줄배가 포착된 순간, 숨을 멈추고, 지체 없이 셔터를 눌렀다. 아! 역광이었다. 나중에 슬라이드 필름을 인화해보니 금빛 물살 위 나룻배 사공이 한쪽 발을 뱃머리에 걸치고 줄을 끄는 모습이 선명하게 찍혔다. 훗날, 이 사진이 포함된 평사리 사진 중 일부가 독일의 세계적으로 유명한 예술제에서 상을 받았다. 역광의 줄배 사진 밑에 "도착하고 다시 떠나감, 이것들이 세상의 모든 표식이지요.Zu-und Abreisen ist das zeichen einer Welt"라는 제목을 붙였다. 이때까지만 해도 '줄배'가 물길을 자유로이 다녔는데 섬진강대교가 들어서면서부터 '줄배'는 흔적도 없이 사라졌다. 시간이 더디게 지나던 시대의 마지막 '줄배'는 영원히 물살 속에 침몰했다.

사슴벌레에 관한
명상

 사슴벌레를 처음 만난 건 몇 해 전 여름 숲길에서였다.

 해거름 녘이 지나자 숲에는 어둠이 내리기 시작했다. 「헨젤과 그레텔」의 숲을 떠올리지 않더라도 어둠이 내리는 숲은 무서운 생각이 든다. 낮에 보았던 참나무와 산벚나무들이 빈센트 반 고흐의 그림 〈별이 빛나는 밤〉에 나오는, 하늘을 찌를 듯 우뚝 선 흑갈색의 사이프러스 나무같이 검은 사신으로 보이기 때문이다. 사람 유전자 안에는 미량의 네안데르탈인의 피가 남아있다지만 내가 그 옛날의 네안데르탈인처럼 강인한 족속이 아닌 이상 원시적인 밤의 숲은 공포를 동반한다.

 산에서 내려가기 위해 발걸음을 재촉하며 걸었다. 오솔길 건너편으로 개활지가 있어서인지 어슴푸레한 달빛-어둠 속에 땅에 무엇인가 있는 게 느껴졌다. 발을 땅에 내딛으려다 등산 스틱에 의지해 허공에서 춤을 추듯 주춤하며 한쪽 발을 저만치 밟았다. '무엇이지?' '무엇일까?'…… 어둠 속에 허리를 굽혀 땅을 보니 커다란 딱정벌레 한 마리가 보였다. 순간적으로 '천연기념물인 장수하늘소?' 아니면 '사슴벌레?'…… 새까만 갑옷을 몸에 두른 딱정벌레는 큰 턱에 난 커다란 집게가 무척 강해 보였다. 쇠라도 자를 듯 한 턱의 뿔 모양 집게는 딱정벌레의 상징 같았다. 주변을 둘러보니 용하게도 딱정벌레 한 마리가 더 보였다. '이런 행운을 만나다니!……'

6~7년 넘게 숲길을 산책하며 다녔지만, 딱정벌레는 처음 보았다. 흥분하여 카메라를 꺼냈다. 녀석들은 서서히 같은 방향으로 모이더니 나란히 나를 보고 있었다. "이 숲의 주인은 나야! 그런데 너는 누구지?" 하며 내게 말이라도 하는 것 같았다. 그런 딱정벌레한테 "오래전부터 나는 숲의 친구였고 지금은 너의 친구야!" 하고 말했다. 딱정벌레들도 내 말을 알아들었는지 커다란 뿔을 한 번 움직였다. 신기한 마음에 녀석들을 보다가, 혹시 사슴벌레가 아닐까? 생각했다. 장수하늘소는 무엇보다 기다란 촉수가 있고 뿔이 이렇게 강건해 보이지 않는다. 그렇다면 '사슴벌레, 그래 사슴벌레가 맞

아! 이렇게 멋진 뿔을 가진 녀석들은 사슴벌레밖에 없어! 기다란 촉수도 없잖아……'

  나는 녀석들 사진을 찍다가 동영상으로 전환했다. 사슴벌레들은 내게 멋진 사진을 찍으라는 듯 이리저리 왔다 갔다 하기도 하고 서로 뿔을 뒤엉킨 채 싸우는 모습도 연출했다. 모기가 몰려들어 나를 괴롭혔지만 어슴푸레한 빛에 의지해 사슴벌레 동영상을 찍느라 신경 쓸 새가 없었다. 완전히 어둠이 덮인 숲을 탈출하면서도 사슴벌레를 본 흥분이 가라앉지 않았다. 그 이후 가끔 땅거미가 내린 숲길을 밟기는 했으나 두 번 다시 사슴벌레를 볼 순 없었다.

  독일 사람들은 오래전부터 사슴벌레 머리가 재산을 모으게 하는 행운의 장식으로 여겼고, 터키사람들은 사슴벌레가 악을 물리친다고 믿어 호패처럼 몸에 지녔다고 하니, 이 딱정벌레의 강인해 보이는 턱의 뿔이 그런 상징을 하게 한 것은 아닌가 생각해 보았다. 하지만 뭐니 뭐니 해도 사슴벌레를 처음 만난 기쁨은 숲의 요정이 내게 행운을 베푼 것으로 생각했다. 나무와 꽃과 새와 벌레를 사랑하는 마음으로 오랜 세월 숲을 찾다 보니 숲의 요정이 고독한 내게 선물을 보낸 것이라 여겼다. 숲길을 산책하는 오후 시간을 빼고는 삼

백예순날 십여 년 동안 글을 쓰는 지난한 작업을 하는 내게 숲의 요정이 눈길을 보낸 것이라 믿었다. 자연계의 정령으로 불가사의한 마력을 지닌 숲의 요정은 우리 앞에 나타날 때 그 모습 그대로 드러내지는 않는다. 숲의 요정을 보려면 마음의 눈이 수정처럼 맑고 순수한 빛을 지녀야 하는데 우리 인간들은 그 빛을 잃은 지 오래라 그 본체를 볼 수가 없으므로, 요정은 어떤 대상으로 변신하여 우리 앞에 나타난다고 나는 믿고 있다. 숲의 밤길에서 만난 사슴벌레도 그럴 것이다.

아름다운 숲의 정령이 내게 말을 했다.

"만물을 사랑하는 아름다운 마음으로 글을 써라! 고독해 하지 말거라! 고독으로 인해 인간은 좀 더 인간다워지느니 고독으로 인해 인간은 조금 더 완성을 향해 나아갈 수 있다. 별빛을 보고 길을 찾아가는 사슴벌레의 지혜를 배워라. 강인한 턱의 뿔로 자신을 지키는 사슴벌레처럼 네 마음에서 자라는 아름다운 뿔로 생을 밀고 가라. 누구에 의해서가 아니라 오직 고독한 자기 자신에 의해서……"

숲길을 거닐며 생각했다. 살아가는 동안 또다시 사슴벌레를 만나기란 요원한 일일지 모른다. 나무도 어제의 나무 모습이 아니고 꽃들도 나날이 다르다. 산새들도 얼마나 많은 시간 창공을 날아 나뭇가지에 앉은 것인지, 바람이라고 다르지 않을 것이다. 살아가며 내가 만났던 사람들과 나무와 새와 꽃들이 예전 같지 않은 것은 사슴벌레 때문일까. 동물의 움직임을 동작이라 하고 사람의 움직임을 행위라 하는 것은 행위에 사유가 깃들기 때문이라고 한다. 사유! 생각! 밤의 숲길을 가던 사슴벌레 두 마리가 잊고 살았던 생의 감사를 되새겨주었다. 작은 것 하나에도 새롭고 감사한 마음이 들게 했다. 살아있다는 것, 사슴벌레를 만나게 한 생의 비밀은 얼마나 아름다운지! 제시 노먼이 부르는 〈감사의 노래〉, 〈당크 자이 디어Dank Sei Dirr〉라도 불러야 할 것 같은 날이다.

아름다운 균열을
일으키는 것들

 안톤 슈낙의 「우리를 슬프게 하는 것들」이란 글이 고등학교 국어 교과서에 실렸던 시절이 있다. 책을 펼치면 국어 교과서가 문법이나 고전 같은 고리타분한 게 아니라 얼마간의 낭만을 구가하게 했으니 이 글을 공부하던 국어 시간은 잠시나마 꿈을 꿀 수 있었다. 까까머리 남학생들과 단발머리 여학생들의 문학적 감수성을 한껏 센티sentimental한 감상에 젖게 하여 낯선 세상으로 데려갈 것 같았던 슬프게 아름다운 안톤 슈낙의 글이 다시 떠오른 것은, "……초행의 낯선 어느 시골 주막에서의 하룻밤. 시냇물이 졸졸 흐르는 소리. 곁방 문이 열리고 소곤거리는 음성과 함께 낡아빠진 헌 시계가 새벽 한 시를 둔탁하게 치는 소리가 들릴 때. 그때 당신은 불현듯 일말의 애수를 느끼게 되리라……"란 문구 때문이다. 나는 그의 글에 나오는 이 문구를 남녘의 평사리 마을에서 되뇌며 우리를 슬프게 하는 것들을 생각했다.

「평사리에서」란 시가 한국일보 1면에 실린 적(1993.6.28)이 있는데 그 무렵 난 하동 평사리에서 사진 작업을 하고 있었다. 그냥 돌각담이 아름다운 마을이 좋았고, 섬진강 너른 들녘을 내다보는 공루가 있는 집들과 신화 같은 이야기를 간직한 당산나무와 커다란 바위, 홍화 핀 밭길을 모시 적삼 차림으로 휘적휘적 걷던 촌로도 보였다. 난쟁이만한 애꾸 할머니가 홀로 사는 방문 앞 빨랫줄에는 곶감 예닐곱 개 걸려 있고 곰팡이 핀 벽지엔 적막이 먹먹해 발길을 옮길 수 없었다. 신작로에 다 쓰러져가는 점방이 보였는데 빨랫비누, 라면, 소주, 팔각성냥 통과 양초가 뽀얀 먼지를 뒤집어쓰고 있었다. 머리에 빨래 다라를 인 채 한 손엔 요강을 들고 걸어가는 아낙, 엎어놓은 장독 위에선 자루 없는 호미가 빨갛게 녹슬어가고, 눈 부신 햇살에 적요롭게 빛나는 빈집엔 도깨비가 살았다. 문설주에 꽃등 켜진 밤이 오면 인적은 고요하고 백열전구 비치는 창호 문엔 할머니 그림자 하나 봄바람에 파르르 떨다 잠이 들었다. 마당 한구석 빛바랜 사과 궤짝에 사기로 만든 국그릇과 밥그릇 간장 종지 고추장 단지가 어

수선하게 가득 쌓여 있었다. 평사리는 시간에 의해 침식당하지 않던 낡고 낡은 집들과 돌각담 따라 정 깊은 사람들이 모여 살던 게마인샤프트Gemeinschaft였다. 평사리는 한국의 전형적인 시골 마을의 풍경을 간직하고 있었다. 발터 벤야민이 말했던 '아우라'가 아사녀 얼굴처럼 남아있던 곳이었는데 어느 시기 천지개벽이 일어나 흔하디흔한 관광지가 되었으니 풍경을 망가뜨리는 데 묘한 재주를 가진 게 공무원들인 것 같다.

독일의 로텐부르크에 살 때 알았는데 그곳의 공무원들은 중세적 모습을 그대로 간직하고 있는 아름다운 소도시를 지키고자 창문의 십자가 모양 창살 하나를 보수하더라도 꼭 전통을 지키도록 못 하나까지 강하게 통제할 정도였다.

평사리를 생각하며 안톤 슈낙의 「우리를 슬프게 하는 것들」을 곱씹어 읽었다. 글에도 아름다운 균열을 일으키는 감흥이 있지만, 풍경에도 미적 감흥을 불러일으켜 그 견고했던 시간을 증언하며 아름다움이란 무엇인가를 생각하게 하는 힘이 있다. 아름다움이란 풍경에 내재한 시간의 풍상을 온전히 지켜 있는 그대로 보존하는 것이다. 조용했던 시골 마을 평사리 한복판에 대형 버스 주차장과 승용차 주차장이 생긴 것을 보고 경악했던 적이 있지만 그것은 파괴의 서막에 불과했다. 오래된 마을은 거룩하게 전율했다. 난 "요강, 망건, 장죽, 종묘상, 장전, 구리개 약방, 신전,/피혁점, 곰보, 애꾸, 애못 낳는 여자, 무식쟁이,/이 모든 무수한 반동이 좋다"는 김수영의 시집 「거대한 뿌리」를 펼쳤다. "전통은 아무리/더러운 전통이라도 좋다/나에게 놋주발보다도 더 쨍쨍 울리는 추억이/있는 한 인간은 영원하고 사랑도 그렇다/" 오늘 하루는 평사리 사진을 보며 안톤 슈낙에서 김수영까지 생각해 보았다. 아름다운 균열을 일으키는 것들이란 무엇일까?

실패와 무명 실타래에는
그리운 이가 살고 있다

 실패와 무명 실타래를 보고 있으면 할머니나 어머니 냄새가 나는 것 같다.

 반짇고리에 있는 자잘한 것들, 즉 색색깔의 헌 단추들이나 바늘쌈지, 골무, 돋보기안경, 헝겊쪼가리, 몽당연필, 가위, 숫자나 무엇인가 적힌 채 접혀있는 구깃구깃한 종이, 노란 고무줄, 모서리가 부러진 문구용 칼 쪼가리, 검정 고무줄…… 이런 것 중에서도 실패에 탄력 있게 감긴 무명 실타래는 언제 보아도 마음을 따뜻하게 해준다. 꽈배기처럼 꼬인 실타래를 할머니가 두 손에 걸고 있으면 그 앞에 마주 앉은 어머니는 실오라기 한 줄을 뽑아 실패에 실을 둘둘 감기 시작한다. 실을 감는 동안 두 여인은 막 무친 김치 겉절이 맛이며, 볕 좋은 날이면 장독 고추장 뚜껑 열어놓는 말이며, 아이들 이야기 집안 이야기, 옆집 이야기로 꽃을 피운다. 실타래는 이야기 주머니 같다. 실이 풀리듯 못 다한 이야기가 술술 풀리니 말이다. 실패에 감긴 무명 실타래는 바늘 하나 꽂을 틈 없이 짱짱해 보였다. 예전 할머니나 어머니들은 겨울이 오기 전 늦가을 볕 들이치는 마루에 솜이불을 펴놓고 홑청을 시쳤다. 큰 바늘에 굵은 무명실을 꿰어 듬성듬성 시치는 이불 홑청은 보기만 해도 기분이 좋았다. 아직 홑청을 다 시치기도 전인데 대청마루 가득 펼쳐놓은 솜이불 한쪽에 누워보면 그렇게 기분이 좋을 수가 없었다.

홑청 바느질 끝난 커다란 반짇고리 안에는 실을 통통하게 감아놓은 실패가 담겨있다.

이상한 것은 실패를 볼 때마다 정을 칭칭 감아놓은 것 같기도 하고, 동화 속 요정이 사랑의 빛을 환하게 감아놓은 것 같기도 하고, 외계인이 타고 온 투명우주선 같기도 하고, 할머니나 어머니의 마법 도구 같기도 하고, 따뜻한 삶의 이야기가 칭칭 감겨 진 사물 같기도 하다. 실패를 볼 때마다 사람 마음에도 저런 따뜻한 실타래가 있을 것 같다. 보고 싶었던 사람과 이야기할 때면 그이가 말하는 목소리 따라 마음의 실패에서 그리운 실오라기가 풀어져 나와 누군가를 감싸고,

상처받은 이의 마음마저 보듬어주는 실의 유희! 할머니나 어머니가 살림은 궁핍해도 우리에게 따뜻한 마음을 불어넣어 주셨던 것은 그분들 마음에는 풀어도 다 풀리지 않는 사랑의 실패 뭉치가 있었기 때문일 것 같다. 삶의 고비마다 탄력 있는 공처럼 튀어 올라 나를 다독이는 내 안의 어머니처럼 실패 뭉치가 말을 한다.

"얘야! 삶이란 원래 바닥에서 시작하는 거야. 살아가는 게 힘들다고? 그게 삶이란다. 삶은 말이야 저 실패에 감긴 짱짱한 실타래처럼 누군가의 헤진 마음을 깁고 밑바닥으로 떨어지면 다시 튀어 오르는 탄력으로 삶을 감싸 안으며 한 줄씩 풀어가는 거란다. 실타래가 엉키면 실오라기 한 줄을 뽑아 차근차근 풀어가듯 삶도 그런 거란다. 쫄지 마라!"

실패 뭉치에는 그리운 이가 살고 있다.

언덕 위의
메타세쿼이아 나무처럼

우리 집 뒷산 언덕에는 보고 싶은 이가 살고 있다.

십여 년 동안 오후 2시면 숲길을 산책하기 위해 언덕을 오를 때 그리운 연인처럼 반겨주는 얼굴이 있으니 바로 메타세쿼이아 나무 한 그루다. 햇빛 투명한 날이나 비바람 몰아치는 날이나 제자리에 서서 나에게 단꿈을 꾸게 해주는 한결같은 나무를 보면 오래전부터 알고 지내 온 사람 같다. 눈 덮인 겨울날, 시리도록 파란 하늘 아래 우뚝 솟아있는 나무를 보면 저 견고한 수직성과 중심의 아름다움은 어디서 오는 것일까? 하는 경이로움에 하염없이 우러러보기만 할 때가 있다. 중력에도 아랑곳없이 위로 뻗어가는 엄청난 중심을 유지하기 위하여 나무는 땅속 어디까지 뿌리를 뻗은 것일까? 식물생리학자 스테파노 만쿠소는 나무도 뿌리를 내릴 때 바위나 돌이 많은 곳은 피한다니 그들의 생존 전략은 놀랍기만 하다. 칠흑같이 캄캄한 땅속에서 촉감에 의지해 뿌리를 내리는 것인지, 천 개의 눈을 가진 천수관음 보살처럼 뿌리마다 보이지 않는 눈을 숨겨둔 것인지, 우리가 알지 못하는 나무의 신통력이 신비한 생을 가능케 하는 것인지, 알 수는 없지만 나무들은 어떤 형태로든 사유하는 사물이라는 생각이 들었다.

  나무를 볼 때마다 나무를 닮고 싶었다.
  봄이면 가지마다 연초록 잎을 밀어 올려 꽃등을 달고 생을 찬미하는 나무들처럼 나이 들어가면서도 아름다운 생을 꽃피우고 싶다. 설령 또다시 삶에 그늘이 드리우면 나무들처럼 차분하게 그늘진 생에 대해 숙고할 것이다. 그러면 한 나무가 내게 말할 거야.
  "그늘의 아름다움을 모르면 삶은 깊어질 수 없어. 그늘도 사랑해줘! 그늘이란 말이야 삶의 이면 일뿐이야. 그늘은 삶의 어두운 흔적이 아니라 열정의 다른 얼굴이거든. 나무들을 봐. 나무들이 낙엽을 떨구는 것은 아무리 소중했던 것일지라도 때가 되면 버려야 산다는 존재 방식을 자연에서 배웠기 때문이지. 누구를 미워하지도 마. 사람에 대한 미움이나 회한, 미련도 가차 없이 내려놓아야 언젠가 네가 꽃을 피울 수 있잖아. 너는 사랑을 얻으려고만 했지 누구에게 사랑을 주는 것은 배우지 못했구나. 지금부터 다시 시작하면 돼."

나무의 언어는 침묵으로 말하는 빛의 언어였다. 나무를 보고 있으면 그가 침묵으로 말하는 빛이 반짝거렸다. 눈 덮인 언덕에 서 있는 메타세쿼이아 나무를 보며 언제부터인가 겨울나무가 살아가는 빈자의 미학을 흠모했다. 비우는 것이 머지않아 자신을 꽃 피우는 것임을 터득한 나무는 눈밭에서도 당당했고 엄혹한 추위 속에서도 푸르른 기상을 잃지 않았다. 고독했지만 나무는 혼자가 아니었다. 이 광활한 우주 한가운데서 밤이면 별이 빛났고 환한 달이 떴다. 바람도 불어왔고 햇빛도 반짝였다. 꽃들이 피었고 꽃이 지면 나무는 내면에서 꽃을 피우기 위하여 고독한 씨앗에 남몰래 온기를 불어넣었다. 아무도 모를 거야! 폭설이 내리고 한파가 덮쳐 강물이 꽁꽁 얼어붙더라도 썰매를 지치는 아이들이나 허름한 포장마차에서 뜨거운 김이 나는 국수를 먹는 사람이나 미장원에서 고데를 하는 아주머니나, 나무들이 도래할 봄을 위하여 우주의 한쪽을 환하게 하기 위하여 자기 몸 어딘가에서 고독한 씨앗에 숨을 불어넣고 있다는 것을.

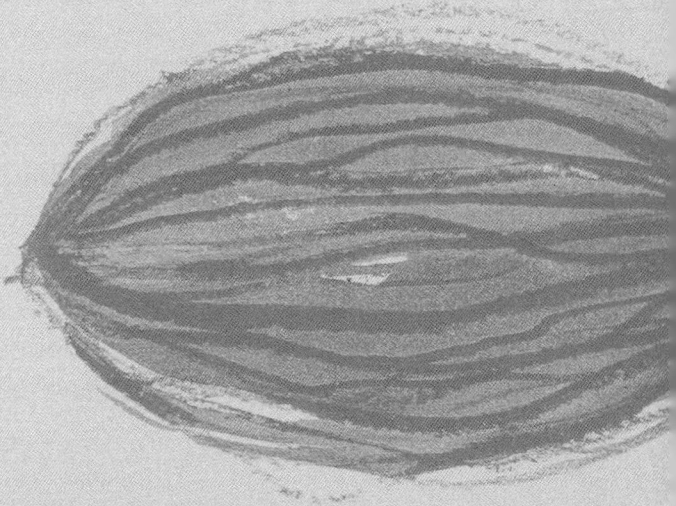

5장

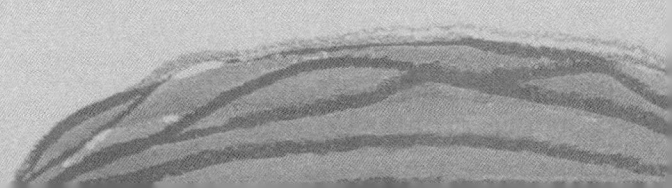

다가서지 않으면
보이지 않는 것

1.

영하 이삼십 도의 혹한에서 생존하기 위하여 겹겹이 쌓인 껍질만으로 자작나무는 눈밭에 서 있다.

종잇장처럼 얇은 하얀 껍질만으로 부름켜가 얼어 터지지 않도록 자신을 보호하는 자작나무에게는 엄혹한 추위와 매서운 눈보라, 설원에 뿌려지는 강렬한 태양 빛도 삶의 일부일 뿐이다. 존재한다는 것은 자작나무처럼 살아가는 것. 자작나무의 아름답고 고요한 얇은 껍질을 보기 위해선 가까이 다가서야 한다.

2.

으젠느 앗제, 앙리 카르티에 브레송, 칸디다 회퍼, 그리고 최민식과 구본창. 이들은 보이지 않는 세계를 엿본 자들이다. 빵과 밥과 자유를 위하여 살아가는 일상에서 무지개 저편, 아직 다가오지 않은 시간을 훔쳐본 자들이다. 순간이 햇살처럼 쏟아졌다 사라져가는 세상에서 순간의 영원을 낚아채 종이로 만든 시대의 자화상을 그린 자들이다. 대상에 다가서기 위하여 카메라 뷰파인더라는 또 하나의 눈으로 예술을 보는 창이 된 자들이다.

3.

꽃의 아름다움과 꽃의 지혜를 알기 위해서는 야생화 핀 들녘이나 계곡, 산, 강, 도시의 돌 틈을 돌아다녀야 한다. 꽃집에서 파는 꽃향기에는 꽃의 서러움이 들어있지 않다.

4.

사람들이 길이 보이지 않는다고 하는 것은 길에 다가서지 않았기 때문이다. 다가섰는데도 잘 보이지 않으면, 더 깊이 다가서는 것밖에 방법은 없다.

화포에 가면 잃어버린 시간들은
꿈이 되어준다

　화포에 봄이 오면 세상을 떠도는 푸른빛의 신들은 바다에 내려앉아 잿빛 물결에 청색 물감을 풀어놓는다. 그즈음이면 황토 언덕에서 청보리가 미풍에 살랑거리고, 그리움 함북 머금은 동백꽃이 담장을 물들이고, 슬레이트 지붕 밑에는 꽃 각시 같은 연분홍 진달래가 수줍은 얼굴로 낯선 이방인을 맞는다. 바닷가 마을에 피는 꽃들은 바다를 향한 그리움으로 우수에 젖는지 화포에 와서야, 세상에 피는 꽃들의 내면에는 세상을 향한 동경으로 개화한다는 것을 알았다. 마을 골목에서 동백이 지고 있었다. 선운사 동백이나 백련사 동백 숲이나 지심도 동백섬이거나 꽃들은 매 한 가지이겠지만 바닷가 마을에 핀 동백은 처연함의 깊이가 심상치 않다. 화포의 선창에 핀 동백은 해변가에서 누군가를 그리워하다

해당화가 된 꽃보다도 더 슬픈 빨간색을 띠고 있다. 작곡가 베르디는 알렉산드르 뒤마 휘스의 소설 『춘희椿姬』를 원작으로 하여 오페라 〈라 트라비아타〉를 만들었다고 한다. 작가 뒤마 휘스 자신의 비련의 사랑이야기를 다룬 『춘희椿姬』의 한자 말은 '동백꽃 여인'이고, 〈La Traviata〉란 이탈리아 말도 '길 잃은 여인'을 뜻하는 것을 보면 동백은 운명적으로 버림받은 여인의 비련한 징표인지 모른다. 그래서 오페라 속 비련의 여주인공 비올레타의 사랑이 동백꽃의 처연함 같은 걸 생각하면 사랑이 처연한 것인지, 처연한 것이 사랑인지, 동백에서는 낯선 여인의 처연한 정취가 묻어났다. 까까머리 학생 시절 명동의 고전음악 감상실 '필하모니'에서 듣던 〈La Traviata〉의 비올레타는 비련의 여자였기에 더 청순한 처연함이 깃들었던 것 같다. 바닷가 마을에 핀 동백은 떠나간 누군가를 기다리는 듯 저 홀로 붉게 물들어 속절없이 진다. 절 집 뒤 안에 무리지어 핀 동백과 달리 섬에 유배되어 군락을 이룬 동백과 달리 화포 선창에 핀 동백은 이루지 못한 사랑의 화신花神 같다. 속절없는 사랑의 부적 같은 동백이 지는 사월 바다에서 나는 처연한 사랑의 눈물방울 한 줌을 흘려보냈다.

순천만에서 별량을 거쳐 화포에 이르는 길의 풍경은 구례에서 하동 평사리로 이어지는 섬진강변의 길이 그렇듯 한국의 '낭만가도'라고 불러도 좋을 듯하다. 독일의 '로만티크 가도'가 작은 고도들 즉, '로텐부르크'나 '레겐스부르크', '슈뵈비쉬할', '딩켈스뷜' 등과 같이 아름다운 중세의 소읍을 중심으로 연결된 정제되고 고풍스러운 길의 향연이라면, 별량에서 화포 가는 길은 풋나락 같은 싱싱함 속에 흙과 물과 꽃이 순박한 인심의 대지에서 숨 쉬는 정겨운 풍경이다. 길은 방랑자의 마음에서 출발하여 풍경에 닿는다. 길을 걷다 보면 내가 보이지 않을 때가 있다. 풍경에 마음이 들어갈 때 혹은 마음이 풍경에 합일하는 그 순간 존재하는 것은 무가 될 때가 있다. 빛의 산란으로 풍경이 빛 속에 숨을 때 그 찰나의 하얀 어둠! 설원의 지평선에 작렬하는 태양 광선에 갇혀 아무것도 볼 수 없는 하얀 어둠. 마치 무간 연옥을 헤매는 것 같다. 길은 보일 듯 보이지 않게 풍경과 마음을 잇는다. 화포에 이르기 전에 별량을 지나며 방랑자는 차에서 내릴 것이다. 봄의 정령이 살아있음을 느낄 수 있는 시간은 그리 많지 않으므로 돌담에 반짝이는 햇살에, 노란 배추꽃의 흔들거림에, 아지랑이 춤추는 대지에 입 맞추며 길을 걸어도 좋을 것이다. 길을 걷다 보면 실존하는 아름다움은 내면 깊숙한 곳에 자리한 뜨거운 열정 같아서 보이지 않고 만질 수 없는 빛살무늬 일 것 같다. 한참을 걷다가 오르막길을 굽이돌다 보면 오른쪽에 서사시 같은 바다가 펼쳐진다. 아! 화포다. 여신의 옷자락처럼 펼쳐진 그리운 바다 화포는 모성적인 가슴으로 방랑자를 유혹한다. 2차선 아스팔트 도로변에는 새로 심은 벚꽃나무가 포옹하듯 나를 반긴다. 아무도 없는 현란한 꽃길의 적멸 속에 보슬비가 떨어진다. 봄비가 내리는 포도에 어느새 꽃비가 내리고 인적 드문 길 산벚나무 아래 서면 물 오른 내 몸이 꽃을 피운다.

발그물 쳐진 은빛 바다에 청록 햇살 내리는 봄날 화포에 가면 잃어버린 시간들은 꿈이 되어준다. 백면서생처럼 책을 읽은 사람들은 책 속에서 길을 찾지만, 바다에서 발그물을 거두어 고기를 잡는 사람들에게는 바다가 밥 길이고 꿈길이다. 물 빠진 뻘밭에서 아낙네들이 꼬막을 캔다. 아낙네들이 널빤지를 지치며 앞으로 나갈 때마다 길이 난다. 아, 길은 저렇게 몸으로 내는 것이구나. 길은 또 저렇게 아름다운 진창에서 온몸으로 밀고 나가는 것이구나. 내 생이 외면했던 잃어버린 시간들이 뻘밭에서 달구어지고 있었다. 신촌시장 바닥에서 본 고무다라 속의 꼬막. 아낙의 몸에서 불어오던 비릿한 갯바람 내음. 내 몸도 뻘밭을 지치며 씽씽 달리고 싶다.

화포의 봄이 겨울바다의 떨리는 색채를 밀어내며 도처에 산수유, 산목련, 진달래, 산벚나무, 개나리를 틔우는 동안 바람은 달콤한 향기를 머금은 지 오래다. 봄 바다는 푸른 꿈을 꾸고 있다. 바다가 아름다워 보일 때 사람의 가슴에는 허무의 파도가 밀려온다. 꿈, 사랑, 슬픔, 아름다움도 푸른 꿈과 허무의 파도 중간쯤에서 사람들에게 신호 보낸다. 사랑하는 사람을 찾으러 온 내게 바다는 사랑을 내주는 대신 폐허의 미소로 나를 맞이한다. 슬픔의 진창에서 아름다운 뻘밭에서 길을 내는 법도 모르면서 미끈덩하게 길을 걷기만 하던 불안한 나의 현존. 바람은 잃어버린 미궁의 시간을 복원하며 살갗을 적신다. 뻘 저편에선 그물에 걸린 황금 물고기들이 퍼덕이며 싱싱한 날갯짓을 하고, 어부의 팔뚝에는 수천 갈래 눈부신 청동 빛 길이 일어선다.

굴비 두릅처럼 어선들이 줄지어 정박해 있는 부둣가와는 사뭇 다르게, 화포의 몇 안 되는 고깃배들은 방목하는 조랑말처럼 바다에 널려있다. 해 질 녘 길가 언덕에서 내려 보는 바다의 목가적인 정경은 마치 오래된 회화를 보는 듯하다. 인상주의 색채와 표현주의 화풍에서 보았던 밝고 따뜻한 침잠한 원경. 서른한 살에 요절한 독일의 여성화가 파울라 모더존 베커가 그린 〈저녁 풍경〉의 고즈넉하고 쓸쓸한 이미지를 닮은 그림 같은 바다. 그녀가 살았던 19세기 후반의 보르프스베데 마을 풍경도 저물녘 화포 바다를 닮았을 것만 같았다. 아니, 어쩌면 세상의 모든 '저녁 풍경'은 침묵의 파도에 젖어드는 저물녘 바다를 닮았는지 모른다. 밤으로의 긴 여행을 떠날 수 있는 어둠이 베푼 여행길에서 우리들은 시인이 되고 화가가 되는 꿈을 꾼다. 저마다 어두운 바다의 심연에서 꺼낸 이루지 못한 꿈을 닦으며 수선할 수 있는 시간여행 길, 사람들은 지금 여기와 이를 수 없는 저기를 오가며 꿈에 잠긴다. 시인 라이너 마리아 릴케가 결혼식을 올리고 신접살림을 차린 보르프스베데에서 시인과 화가들은 밤새워 포도주 병을 비우며 세기말의 불안한 삶과 사랑과 예술을 논했을 것이다. 그리고 별빛에 새벽이슬 스칠 무렵, 파울라 모더존 베커는 스산한 작업실로 건너와 그림을 그렸을 것이다. 그녀의 그림에서는 생의 시원의 저 너머를 본 것 같은 고귀한 고독이 스치고, 예술은 생명을 연소시키며 그림을 그리는 것인지, 고독의 적멸 고여 있는 화포 바다에 와서 잊어버렸던 얼굴들이 하나 둘 떠올랐다. 요절한 여성화가의 고독이 짙게 배인 그림 같은 화포는 생의 긴 여운을 짊어지고 떠도는 또 다른 낯선 생이다.

별에 다니러 간
할미꽃

할미꽃을 보면 정겹고 신비하다.

우리나라 고유의 야생화로 산과 들 어디서나 볼 수 있는 할미꽃은 누군가를 하염없이 기다리는지 고개를 살포시 숙인 채 꽃을 피운다. 나는 할미꽃을 볼 때마다 상냥한 꽃을 보는 것 같아 상냥한~ 이라는 이름이 붙은 한 음반을 떠올리곤 한다. 메조소프라노 안네 소피 폰 오터 Anne Sofie von Otter가 부르는 〈상냥한 프랑스 Douce France〉라는 앨범이 있다. 프랑스 예술가곡 mélodie과 대중가요인 샹송 chanson을 담은 2장짜리 음반인데 무엇보다 콜로라투라 적이고 화려한 고음이 아닌 상냥한 말을 거는 것 같은 고음과 깊은 중저음을 내는 그녀의 미성은 삶과 음악에 어느 정도 통달한 여인만이 낼 수 있는 아름다운 매력 음을 들려준다. 특히 샹송에서 그 빛을 더 발하는 그녀의 목소리는 파퓰러 음악인 샹송을 대중성과 클래식의 고혹적인 경계에서 듣게 하는 묘한 아름다움이 있다. 원래 샹송이라는 음악이 프랑스적인 자유와 고독, 삶에 대한 연민, 생에 드리운 깊은 애수의 그림자 깃든 노래라서 일정 부분 한(?)이 쌓여야 하는데, 올해 66세인 그녀가 58세 때 낸 음반이니 인생을 관조하고 때로는 달관한 음색으로 노래 부른 것 같다.

  상냥한 샹송을 부르는 이 여가수의 노래를 들으면 그녀 목소리에서 할미꽃이 피는 것 같았다. 60을 눈앞에 둔 여가수가 부르는 노래에는 삶의 회한과 어찌할 수 없는 것들을 바라볼 수밖에 없는 허무도 배어있을 텐데 할미꽃이 그런 심정일 것 같았다. 꽃이 지고 나면 이젠 돌아갈 수 없는 시절을 회상하듯 하얗게 세어버린 긴 털을 쓰고 있는 할미꽃 여인! 봄이 오는 길목 화원에 갔더니 할미꽃이 있었다. 할미꽃도 팔다니! 나는 냉큼 이천 원을 주고 할미꽃을 사 들고 와 황토색 작은 화분에 옮겨 심었다. 할미꽃을 책상 위에 놓고 볼 수 있다니, 할미꽃을! 횡재라도 한 것 같았다. 양지바른 야생에서 잘 자란다고 하니 해만 뜨면 베란다에 내놓고 해가 져도 바람이 잘 통하게 했다. 잠들 무렵이면 할미꽃이 별도 보고 달도 볼 수 있게 해 주었다. 초등학교 정문 근처에서 팔던 "삐악삐악" 소리 내던 병아리를 사 온 어린이처럼 할미꽃을 노란 병아리 돌보듯 했다. 세상에 이천 원으로 이렇게 행복해질 수 있는 게 또 어디 있을까. 할미꽃은 햇빛과 바람과 별과 달을 보며 쑥쑥 커갔다.

그러던 어느 날 시간의 무게를 가누지 못한 할미꽃이 드러눕기 시작했다. 어느 순간 꽃이나 사람이나 드러누워 시름시름 앓다 보면 이별을 준비해야 하는 것을 직감한다. 지금은 내가 지는 꽃을 배웅하지만 언젠가 때가 오면 꽃이 내 생을 배웅할 때가 있을 것이다. 자연은 죽음마저 생의 순환이라고 여기지만 슬프지 않은 죽음이 어디 있으랴. 나는 할미꽃과의 이별을 준비하지 않았는데 이렇게 빨리 꽃이 질 줄이야. 한 번 허물어진 할미꽃은 좀체 기운을 차리지 못했다. 꽃대를 일으켜 세우려 용을 쓰며 할미꽃에게 말을 걸었지만 꽃은 침묵했다.

할미꽃은 지금 별에 다니러 갔다. 꽃은 지면 죽는 게 아니라 잠시 우리 곁을 떠나 달나라로 가기도 하고 별에 가서 환한 빛이 되어 꽃을 피웠던 대지를 비춘다. 그리고 다시 봄이 오면 우리가 잠든 사이에 지상으로 내려온다. 꽃이 피는 것은 별이 피는 것이다.

  어느 해 봄, 화순의 고인돌 밑에 핀 제비꽃 사진 찍느라 고인돌 산 여기저기를 다니다 할미꽃을 본 적이 있다. 산비탈에서 새벽이슬을 맞고 핀 할미꽃을 보는 순간 아! 하는 탄성이 절로 나왔었다. "이건 보통 행운이 아니야! 산에서 할미꽃을 보다니!" 내게로 왔던 할미꽃이 별로 먼 여행을 다녀와서 화순의 야산에 핀 것으로 생각했다. 나는 산비탈에 핀 할미꽃 사진을 찍으며 "반가워요. 할미꽃!" 하고 말을 건넸다.

참고로 프랑스의 대중가요인 샹송과 예술가곡인 멜로디mélodie를 한 음반에 담은 《Douce France》(상냥한 프랑스)는 미국 음반 예술·과학 아카데미의 '2014 최고의 클래식 솔로 성악 음반상'을 수상했다

도스토옙스키의 『백치』와
함부르크에서 만난 로스트로포비치

아름다움이 세계를 구할 것인가?

 첼로의 거장 로스트로포비치Mstislav Rostropovich는 한국의 첼리스트 장한나에게 "좋은 소설을 읽으면 마음이 열린다."라며 도스토옙스키의 소설 『백치』를 권했다고 한다. 어린 한국의 여성 연주자에게 바흐나 베토벤, 차이콥스키, 브람스 같은 대 작곡가들의 음악이 아니라 도스토옙스키의 소설이라니! 그것도 『백치』라니!…… 그는 왜 내놓으라 하는 걸작 명곡들을 제쳐두고 문학 작품을, 그것도 하고많은 작가 중에 도스토옙스키를, 하필이면 『백치』를 추천했을까 가만히 생각해보았다. 순간, 그럼 그렇지! 역시 로스트로포비치는 거장이구나!라는 생각이 번개처럼 뇌리를 스쳐 갔다. 그는 절대적으로 아름답고 선 의지로 가득 찬 선량한 한 인간이 세상을 구원할 수 있는가 하는 도스토옙스키의 문학적 고뇌를

꿰뚫고 있었다. 도스토옙스키의 소설은 지상의 밑바닥에서부터 억압받고 절망하는 인간의 고통을 사랑의 힘으로 감싸 안으며 사랑과 미에 대한 질문을 던진다. 로스트로포비치는 소설 『백치』의 가장 중요한 화두가 "아름다움이 세계를 구할 것인가?"라는 것을 알고 있었기 때문에, 미에 대한 영원한 담론을 어린 첼리스트 장한나에게 말한 게 아닐까 싶었다. 우리가 사는 세계를 낯설게 보여주며 낮은 자리로 스며드는 문학의 의미를 그는 음악의 선율로 표현하고 있었던 것이다. 그래서인지 로스트로포비치가 연주하는 첼로에서는 불멸의 문학이 소리로 변주되고 선율은 상상의 심연을 지나오는 것 같다.

함부르크 무지크할레Musikhalle에서 로스트로포비치의 첼로 연주회가 끝난 뒤 그를 만날 수 있었던 것은 큰 행운이었다. 내가 준비해간 자신의 20대 초반 사진 박힌 LP 재킷을 깊은 감회에 젖어보던 노 거장은, LP 재킷들과 연주회 포스터에 사인을 해주며 어느 나라에서 왔고 무슨 일을 하느냐고 물었다. 한국서 온 유학생이고 작가라는 내 말에, 로스트로포비치는 큰 웃음을 지으며 "자앙-한-나!"를 외쳤다. 그리곤 "음악과 문학은 고향이 같다."라고 내 어깨에 손을 얹으며 인자하게 말했다. 그는 내 어깨에 달린 카메라를 보더니 러시아 친구들과 포즈를 취하며 사진을 찍어달라고 부탁하기도 했다. 고향 친구들 같아 보이는 그들은 훈훈한 얼굴로 어깨동무를 한 채 웃고 떠들었는데 그 모습이 보기 좋았다. 그의 친구들이 돌아간 후 나는 고색창연하게 아름다운 함부르크 무지크할레 불빛 아래서 동심의 얼굴을 한 마에스트로maestro와 조금 더 이야기를 나눌 수 있었다. 러시아 시골 할아버지 같은 소탈한 표정으로 웃고 어깨를 들썩이는 제스처를 섞어가며 이야기하던 로스트로포비치는 친필로 자신의 프랑스 집 주소를 적어주며 꼭 한 번 놀러 오라고 했다. 이런, 엄청난 초대를 받다니!…… 지금부터 나와 로스트로포비치는 친구다.

로스트로포비치와 헤어진 밤, 연주회에서 그가 열정적으로 연주하던 차이콥스키의 〈로코코 주제에 의한 변주곡〉을 들으며 『백치』를 다시 읽었다. 도스토옙스키는 어쩌자고 이상적인 미에 대한 개념을 자신의 소설 미학으로 삼은 것일까. 절대미란 게 있을 수 있을까? 그리고 그의 소설처럼 아름다움이 정말 세계를 구할 수 있을까? 도스토옙스키의 고뇌하는 인간의 예술관보다 '좋은 소설을 읽으면 마음이 열린다.'고 말한 로스트로포비치의 털털한 그 말이 오늘 밤은 더 가깝게 느껴진다. 연주회에서 로스트로포비치와의 만남에 도스토옙스키와 『백치』를 떠올렸고 '아름다움이 세계를 구할 수 있을까?'라는 오래된 미학적 명제까지 생각하게 했으니 하루하루 살아가기 바쁜 일상에서 나를 되돌아보게 한 기쁨이고 거리의 철학자라도 된 느낌이다. 하긴 칸딘스키도 러시아에서 바그너의 비극 오페라 〈로엔그린Lohengrin〉을 관람하며 음악의 소리에서 수많은 색채를 보았다고 하지 않았던가. 모스크바에서 제안 받은 교수직을 버리고 화가가 되기 위하여 바그너의 성지 바이로이트가 있는 뮌헨으로 가서 화가가 되기로 결심했다니 어떤 우연한 만남에는 마법이 걸어지는 모양이다. 내가 읽은 책의 두께가 갈수록 얄팍해지고 삶의 지혜 또한 비루해지기 쉬운 일상에서 문학책을 찾아 읽고 음악회와 미술관을 가는 것은 예술이 공허한 마음을 채워주고 울적한 마음을 달래주는 묘약이기 때문은 아닐까.

뜸북뜸북 뜸부기의
고독한 비행

 버스를 타고 가는 차 안 라디오에서 노래가 흘러나왔다. "뜸북뜸북 뜸북새 논에서 울고"로 시작하는 〈오빠 생각〉이란 동요였다. 이름 모를 슬픔 내장된 동요를 듣게 되면 조금은 낯선 처량함과 애조 띤 생각이 든다. 차창 밖으로는 초록빛 짙어가는 5월의 거리가 영사기 돌아가듯 지나고 있었다. 애처로운 노랫말을 싣고 달려가는 버스에서 몇몇은 창밖만 하염없이 바라보고, 몇몇은 상념에 잠긴 듯 시선이 정지되어 있고, 눈부신 햇살에 가끔 눈을 끔벅이는 사람도 보였다. 물오른 가로수의 싱그러운 잎사귀가 조금 애잔해 보인 건 노래가 끝날 즈음 들려온 "비단구두 사가지고 오신다더니" 때문이다. 갑자기 "뜸북뜸북" 운다는 뜸부기는 어떤 새일까? 궁금해졌다. 생각해보니 한 번도 뜸부기를 본 적이 없고 조류도감이나 스마트 폰에서 뜸부기를 찾아본 적도 없었다. 별과 꽃과 나무 보기는 좋아하면서 새에는 좀 무관심한 내가 부끄러워졌고 "뜸북뜸북 뜸북새 논에서 울고"란 여자 어린이 노랫소리가 온종일 귓전을 맴돌았다.

 여름 철새인 뜸부기는 천연기념물이다. 5월 중순 무렵부터 6월 초순께 남쪽 나라에서 날아오는 뜸부기는 우리 땅에 와서 매우 바쁜 시간의 삶을 산다. 새를 보면 '아, 참 아름답다!' '새는 날개가 있어 훨훨 날아다니니 좋겠다!' 부러워하지만 새라고 고독하지 않고, 새라고 존재에 대한 고민이 없을 리 없다. 새는 여행을 즐기기 위하여 비상하지 않고 오직 생존을 위하여 비상한다. 그 먼 곳으로부터 고독한 비행을 마친 뒤에도 뜸부기는 쉴 틈이 없다. 이른 새벽부터 논에서 "뜸북, 뜸북" 하고 수컷이 소리를 내는 것은 짝짓기를 위하여 암컷에게 사랑의 세레나데를 부르는 것이라고 한다. 6-7월에는 얼른 짝짓기하여 논에 벼포기를 모아 둥지를 틀고 알을 품어야만 한다. 3주가량 지나야 새끼가 알껍데기를 깨고 나오기 때문에 그들에게 주어진 시간은 그리 많지 않다. 10월 초.중순 무렵 다시 남쪽 나라로 날아가기 위해서는 새끼가 태어나면 부지런히 벌레를 잡아 먹여야 하고 새끼는 쑥쑥 자라서 날기 연습을 해야만 한다. 새들에게 날기는 생명이고 존재 그 자체다. 비행하는 연습을 하지 못하는 새끼는 먼 곳까지 날아갈 수가 없다. 새들의 노래와 새들의 비상에는 항상 존재의 이유가 있다. 그들은 삶을 즐기기 위해 노래하지 않고, 유람을 목적으로 비상하지 않는다. '태어나려는 자는 하나의 세계를 파괴해야만 한다.'는 명제를 새처럼 잘 알고 있는 존재도 없다.

가을이 되면 흔적도 없이 뜸부기는 다시 날아갈 것이다. 때가 되면 이 땅으로 날아와서 "산다는 건 말이야 그렇게 녹록한 일이 아니야! 이봐, 건달! 사는 게 힘들다고 인상 쓰지 말고 나를 봐! 내가 비상하기 위하여 날갯짓하는 걸 보란 말이야. 알껍데기를 깨고 나온 눈도 못 뜬 뜸부기가 머나먼 남쪽 나라로 날아가기 위하여 논바닥을 박차고 비상하는 것을 보란 말이야. 삶은 그런 것이야." 하고 나에게 여름이면 삶에 대한 특강을 해주는 뜸부기. 철새는 살아가며 나약해지지 말라고 신이 인간에게 보내는 선물 같다.

행복한 피아니스트
카티아 부니아티쉬빌리와 엄마

세상의 모든 부모치고 자식들이 훌륭하게 성공하기를 바라지 않는 사람은 없다.

세속적 출세의 욕망에는 빈부격차가 따로 없고 남녀노소도 가리지 않는다. 세대를 초월해 이 말처럼 평등한 희망을 공유하게 하는 말이 또 있을까 싶다. 세상은 성공한 사람과 성공하지 못한 사람으로만 존재하는 것도 아닌데, 작가나 전당포 주인이나 구두 수선공이나 재벌이나 은행나무 아래서 고무 다라에 사과를 파는 사람이나 성공(?)에 대한 기대를 바라는 부모 마음은 모두 같을 것이다.

카티아 부니아티쉬빌리Khatia Buniatishvili의 엄마는 자신의 딸이 성공한 피아니스트가 아니라 행복한 피아니스트가 되길

바랐다고 한다. 음악 애호가인 엄마의 영향으로 3살 때부터 피아노를 쳤고 6살에 오케스트라와 협연을 하여 지금은 세계 최정상의 비르투오조 피아니스트가 된 카티아 부니아티쉬빌리. 비평가들은 '우아한 고독감과 우수가 있는 아우라'를 그녀 연주의 장점으로 꼽았다지만, 그녀의 피아노 소리가 서정성 깊은 따뜻한 음을 내는 것은 어머니의 행복 법 영향이 아닐까 생각해본다.

어느 인터뷰에서 자신이 추구하는 음악이란 게 무엇이냐는 기자의 질문에 "진정한 감정과 생각, 진짜 이야기들을 음악으로 표현하고 싶어요. 음악, 그리고 제 삶 속에서 '진실'이라는 가치에 도달하도록 저를 이끌어주는 것은 다름 아닌 진정성입니다. 내면 깊은 곳으로부터 우러나오는 진정성이 표현되기 위해서는 빈틈없는 정밀함이 요구되는데, 그것이 바로 예술적 가치의 주된 요소라고 생각해요."라고 대답했다는 피아니스트에게서 삶의 진정성을 느낀다.

우리나라에도 다녀간 적이 있는 이 젊은 피아니스트가 '행복을 연주하는 연주자'가 되기를 바란다. 고독한 울림의 검은 건반을 두드릴 때마다 성공을 위한 타건이 아니라 내면 깊은 곳에서 우러나오는 따뜻한 행복의 선율로 청중을 감동시켜주기를 기대한다. 콩나물 음표를 고도의 테크닉으로 들려주는 연주자보다 엄마가 바랐던 행복한 피아니스트가 되기를 기원한다.

" ": 월간 『객석』 이정은 기자 인터뷰, 2016.6.1.

우연한
보이차 여행

　추사 김정희가 쓴 '명선茗禪'이라는 글씨를 보면 인간이 동경하는 설명할 수 없는 아름다움을 보여주는 것 같다. 고결한 정신의 존재자가 쓴 자기표현 같기도 하고, 기하 추상 미술처럼 선線으로 곧게 그어놓은 선禪의 경지 같기도 하고, 자기 성찰에 통달한 수행자가 자기 심성의 근원을 깨달아 써 내려간 글씨 같기도 하고, 아름다움의 형이상학을 말하는 것 같기도 하다. '차를 마시며 선의 경지에 든다.'라는 뜻을 지녔다는 '명선茗禪'을 오랜 세월 마음에 품고 산 것은 부박한 내 삶이 선의 경지에 들 수 있을까 하는 바람으로, 여기서 선의 경지는 선禪이 아니라 선善한 사람이 되는 아마 누구나 갖고 있는 소망 같은 게 아닐까. 철학자 칸트도 선하고자 하는 의지만이 선한 것일 수 있다고 말한 걸 보면 선한, 양심적인 사람이 되는 것도 마냥 쉬운 건 아닌 것 같다. 하지만 선방에서 수행하는 수도자가 아닌 이상 선의 경지는 자기가 일상에서 행복해하는 작은 경지일 것 같다는 생각도 든다.

설악산으로 간 우연한 여행길에서 보이차 명인 진정화, 문주석 부부를 만난 것은 큰 행운이다. 한 집에 소박한 다실이 세 군데나 있는 방을 들어서니 차향이 배어났다. 사람들이 사는 공간인 집에 들어서면 그 사람만의 독특한 냄새가 나게 마련인데 어느 집은 책 냄새가 나기도 하고 어느 집은 꽃 냄새가 나기도 하고 또 어느 집은 나무 냄새가 나기도 한다. 차향은 몽상으로 시를 쓰는 것 같은 밀교 적인 상상을 자극한다. 바다에서 맞는 저녁 미풍도 느껴지고, 바위섬에 홀로 앉아 수평선을 바라보는 갈매기의 고독한 눈빛과 가을날의 내면화된 햇빛도 보이고, 무제약적으로 선한 마음도 들게 하는 차향! 보이차를 모셔놓은 보물창고에는 청나라 때 도자기에 밀봉해둔 보이차부터 진정화 보살님의 정성이 차곡차곡 쌓여 있었다. 순간 차를 사랑하는 마음은 무엇일까? 하는 생각이 들었다. 꽃이야 가꾸면 되고 책이야 읽으면 되지만 차를 애지중지하는 마음이란 무엇일까. 두세 시간 동안 앉아 보이차를 마시며 느낀 게 있었다.

보이차는 시간이 지날수록 부드러운 맛과 향이 깊어진다는 발효차인데 찻물을 갈아가며 마실수록 차 빛깔이 맑아졌다. 차를 마시는 시간이 지날수록 등줄기에 송골송골한 땀이 배어나더니 살갗 표면에 잘게 맺힌 물방울 따라 무엇인가 빠져나가는 게 느껴졌다. 허무일 수도 있고 쓸쓸함이나 욕망, 무엇인가를 쫓아서 한없이 달려오기만 한 인생일 수도 있고, 바보처럼 살았다는 회한일 수도 있고, 아직 한 걸음 더 가야 할 길에 대한 다짐일 수도 있고, 인간적인 너무 인간적인 미련일 수도 있는 것들이 따뜻한 찻물 따라 빠져나가는 자리에 침잠과 망아가 느껴졌다. 긴 시간 동안 앉아 차를 마시는 일이 나를 거울에 비춰보는 것 같았다. 겉모습을 비추는 백화점 쇼윈도 같은 거울 말고 내 안을 들여다보게 하는 거울이 투명한 찻물에 보였다. 어느 순간 차를 마시는 일이 끊임없이 나를 내려놓아야 하는 것임을 알았다. 끊임없이 나를 내려놓아야 따뜻한 찻물을 채울 수 있다는 것.

예전엔 차를 마시면서도 추사가 쓴 '명선茗禪'의 진의, 즉 '차를 마시며 선의 경지에 든다.'는 의미를 헤아리지 못했는데, 우연히 여행길에 초대받아 들른 차 명인 집에서 긴 시간 차를 마시며 그 뜻을 조금이나마 헤아리게 됐다. 추사나 초의, 다산 같은 분들이 느낀 차향의 깊이와 '명선茗禪'의 고결한 의미를 헤아릴 길은 없으나, 일상에서 소소한 기쁨을 누리는 차 마시기 역시 작은 행복이며 '명선茗禪'이지 않을까 생각해 본다. 설악을 보며 차를 마셨으니 따뜻한 찻물이 도는 정신의 샘 어딘가에 설악도 있을 것이다.

로텐부르크의 건달 하숙생과
독일 화가 아저씨

세상을 살아가다 보면 고마운 사람을 만날 때가 있다.

낯선 독일 땅 자그마한 중세 마을에서 살기 시작할 때다. 서울이라는 번잡한 도시에서 트렁크 하나 달랑 들고 물어물어 찾아간 곳은 로텐부르크였다. 프랑크푸르트 공항에서 중앙역으로 이동하여 뷔르츠부르크행 기차를 탔다. 뷔르츠부르크에서는 다시 슈타이나흐까지 기차를 갈아타고 가서, 한 번 더 기차를 바꿔 타야 로텐부르크에 도착할 수 있다. 슈타이나흐에서는 기차를 갈아타는 시간이 짧아 트렁크를 든 채 철로를 건너고 계단을 오르락내리락하느라 하마터면 기차를 놓칠 뻔했다. 2량의 객차를 끄는 디젤기관차에 몸을 싣고 도착한 로텐부르크는 종착역이었다. 감빛 가로등 몇 개만 켜져 있는 로텐부르크역은 2량의 객차가 오갈 만큼 작은 역으로 막차로 들어온 기차는 하룻밤 묵은 뒤 아침 첫차로 출발한다. 동화 속에 나오는 기차역 같은 생각에 이곳에서는 아름다운 일이 벌어질 것 같은 예감이 들었다. 하지만 너무 고적한 생각에 순간 '나는 무엇 때문에 홀로 먼 이곳까지 온 것일까?'하는 마음이 스쳐 갔다. 춥고 을씨년스러운 2월의 밤, 우두커니 역 앞에 선 내 모습이 그렇게 초라해 보일 수가 없었다. 공기도 낮게 깔린 습도에 둔탁했고 풍경도 낯설기 짝이 없었다. 아는 사람과 아는 길 하나 없고 지하철 2호선도 다니지 않았고 전화할 친구도 없었으며 동네 구멍가게 하나 보이지 않았다. 독수리 문장이 있는 5마르크 동전과 클라라 슈만 얼굴이 인쇄된 100마르크 지폐를 보면 이상한 나라의 앨리스가 된 기분이었다. 중학교 음악 시간에 배웠던 〈로렐라이〉의 나라에 와있다니! 정말 서울을 떠나 왔구나 하는 생각에 나도 모르게 헛웃음이 나왔다. 길에는 빈센트 반 고흐의 〈밤의 카페테라스〉 그림에서 본 것처럼 작고 네모난 돌을 박아놓아 트렁크 끌고 가는 소리만 요란했다. 아무도, 아무것도 보이지 않던 외딴 별에서의 첫 밤이었다.

로렌부르크에서는 괴테 인스티투트를 다니며 독일의 문화와 언어를 공부해야 했다. 새 학기 시작을 중세적 성당에서 한 게 인상적이었는데 자유스럽고 진지하고 활기차 보여

좋았다. 아침 일찍 괴테의 식당에서 호밀 빵과 치즈, 달걀, 살라미 소시지, 버터와 잼, 우유와 뮤즐리, 커피 등으로 식사를 하고는 월요일부터 금요일까지 오전 수업을 하면 됐고, 주말에는 뉘른베르크나 뷔르츠부르크, 뮌헨, 로만티크 가도의 소도시들로 여행을 가서 해방감을 맛볼 수 있었다. 하지만 시간이 지날수록 '독일 대학에서 입학허가를 받지 못하면 어쩌지!' 하는 불안이 늘어갔다. 밤이면 존재론적 고독에 갇혀 밤하늘의 별을 보거나 김민기의 〈봉우리〉 노래를 듣는 게 유일한 위안이었다. 노래를 들으면 너무 늦은 나이에 온 건 아닐까, 내가 잘할 수 있을까 하는 생각에 눈물을 흘릴 때가 있는데 울고 나면 마음이 한결 맑아졌으니 그건 영혼을 치유하는 정화의 눈물 같았다. 그럴 때면 맨주먹 불끈 쥐고 비록 늦깎이 유학을 왔지만 대학 입학허가도 잘 될 거야라는 생각이 들었다. 그러나 무엇보다도 서울에 두고 온 초등학생 딸아이 생각에 매일 밤 통화를 할 정도로 그리움이 깊어갔다. 한밤중이나 새벽 시간이면 도둑고양이처럼 캄캄한 중세 골목을 지나 공중전화부스로 가서 서울로 다이얼을 꾹꾹 눌렀다. 그나마 내가 인간적으로 변신하는 시간이었고 전화가 연결되는 순간이면, 지구 저쪽에서 들려오는 아이 목소리에 웃으며 말하지만 눈물이 왈칵 쏟아져 어금니를 꼭 깨

물기도 했다. 5마르크짜리 전화 카드는 말할 것도 없고 10마르크 전화카드도 어찌나 빨리 떨어졌던지……

  내 얼굴에 그늘이 드리운 것을 안 사람은 하숙집 주인이었다. 수염이 덥수룩한 마음씨 좋은 아저씨는 화가였는데 한번은 이 층에 있는 그의 작업실에 멋모르고 들렀다가 사방 벽이 그림 액자로 장식된 것을 보고 갤러리에 온 줄 알았다. 그는 한쪽 다리가 불편해 보였고 걸을 때마다 다리를 절었다. 화가는 무당처럼 내 그리움의 근원을 짚어내기도 하고 학교 문제도 다 잘 될 것이니 걱정하지 말라고 위로를 건네는 정 깊은 사람이었다. 한때 서울로 돌아갈까 고민한 적도 있었는데 그는 내 마음을 어떻게 눈치챘는지 용기를 주었고 어느 날은 내 손을 붙잡고 어디론가 데려갔다. 영문도 모르고 그에게 이끌려 오래된 중세적 건물 안으로 들어섰다. 회랑을 따라가는 사람들 모습이 수도사처럼 진지해 보였고 얼굴 가득 미소를 머금은 채 인사를 건넸다. '어디일까? 어디로 가는 것이지?' 생각하며 방문을 열고 들어섰는데 사람들이 무엇인가에 열중하고 있었다. '무엇이지?' 하고 사람들을 둘러보니 하나 같이 그림에 몰두하고 있었다. '아, 화가들이구나!' 그들은 자유롭게 배치된 저마다의 자리에서 커다란 이젤 앞에 앉아 구도자의 모습으로 그림을 그렸다. 화가가 나를 친구라고 소개하자 그림 그리던 사람들은 잠시 붓을 멈추고 따뜻한 미소로 반겨주었다.

하숙집 주인 화가는 나를 빈 이젤 앞에 앉히곤 인자한 얼굴로 그림을 그려보라고 말했다. '그림? 그림이라니! 난 화가가 아닌데 그림을 그려보라니!' 놀라는 내 얼굴을 보고 옆의 이젤 앞에 앉아 그림을 그리는 화가는 집에서 보던 그 사람이 아니었다.

화가는 그날 이후에도 틈날 때마다 나와 함께 그림을 그리러 갔다. 신기한 것은 그림을 그리다 보면 마음의 응어리가 풀려나간 자리마다 물감이 배어들어 그림이 됐다. 그림은 억압된 자아를 들여다보게 하고 자기 자신과 이야기하게 만드는 마법사였다. 기억의 여신이 문학을 통해 언어로 그림을 그리게 했다면 미술을 통해서는 그림으로 시를 쓰게 했다. 그래서 "시는 그림과 같은 것"이라고 말한 호라티우스 이래로 고대 그리스에서는 '회화는 말하지 않는 시'라고 하지 않았던가. 나는 화가의 손에 이끌려 그림을 통해 말하지 않는 시를 쓰고 있었던 셈이다. 하숙집 주인인 독일 화가가 고대 그리스의 이상적인 미를 구현하는 법을 배워 그림에

적용하는지 잘 모르지만 그건 그렇게 중요한 게 아니다. 말하지 않는 시를 쓰는 그림이란 내면에 갇힌 언어를 슬그머니 풀어놓기만 해도 그림이 될 테니까 말이다. 화가는 미술이 먼 나라에서 온 방랑자 가슴에 쌓인 결박당한 정서와 그리움을 어떤 식으로든지 치유시켜 줄 것을 알았던 것 같다. 다리를 저는 자기 자신의 삶을 온전히 해방시켜 따뜻한 내면을 지닌 화가로 성장시켰던 것처럼 미술은 아름다운 인간을 만드는 묘약이 된다는 것을 화가 아저씨는 알고 있었다.

괴테 인스티투트에서는 한 개 클래스를 월반하여 공부를 했고 독일에 온 지 넉 달이 지나자 서울에서 소설가 박완서 선생님과 소설가 김형경, 소설가 공지영 등이 나를 보러 여행을 왔다. 우리는 하이델베르크와 뮌헨, 체코의 프라하를 거쳐 빈에서 여행을 즐기고 있었다. 나는 잠시 공중전화로 가서 독일의 대학으로 전화를 하여 대학 입학 여부를 물어보았다. 여우비 지나간 빈의 7월은 상쾌했고 햇살은 투명하게 비쳤다. 박완서 선생님은 "어때! 빈은 공기부터 다르지?" 말씀하시며 우리를 보고 웃으셨다. 예술의 도시 빈은 어디를 돌아봐도 발길을 떨어지지 않게 했고 감탄을 불러일으켰다. 문학과 음악, 건축, 미술 어느 하나라도 부족함이 없는 예술을 위한 도시 같았다. 베르사유 궁전과 함께 유럽에서 가장 아름답다는 쇤브른 궁전Schloss Schönbrunn 앞에서 대학 입학 합격 소식을 들었다. 그 짜릿한 전율의 감격을 무엇에 비할 수 있을까! 소설가 공지영이 박완서 선생님께 달려가 "병일이 형이 독일 대학에 합격했데요." 하고 말을 전했다. 박완서 선생님은 저만치 쇤브른 궁전을 배경으로 함박웃음을 지으시며 두 팔을 벌린 채 서 계셨고 난 영화의 한 장면처럼 달려가 박 선생님과 포옹을 했다. 그날 저녁 빈의 한 식당에서 축하의 밥을 먹으며 알았는데, 박 선생님 일행이 독일에 오신 이유는 여행보다도 늦깎이 유학길에 올라 국제미아가 되기 전에 나를 데리고 서울로 함께 가기 위해서라는 말을 들었다.

돌이켜보면 고마운 사람들이 한두 분이 아니다. 내가 국제미아가 될 것을 염려해 독일까지 날아오신 소설가 박완서 선생님도 그렇고, 마음 붙이지 못한 번민의 나날 그림을 통해 정신을 고양시켜 준 하숙집 주인 화가 아저씨도 그렇다. 만약 따뜻한 내면을 지닌 화가 아저씨가 아니었다면 불안정한 내 마음에, 마음을 잡지 못해 방황하던 내 그림자에, 낯선 이들 투성이인 독일에서 누가 중심을 잡아 주었을까. 그리고 그 어린 나이에 무엇을 안다고 학교 운동장에서 못난 아빠의 유학을 허락해준 초등학생 딸에게 나는 또 한없이 고맙다.

덕수궁에서 어린 딸을 무동 태운 서른 즈음 아빠 사진과
서른 즈음 딸과 다시 찾은 덕수궁에서 찍은 아빠 사진과

 우리 마음 어딘가에는 시간이 지은 따뜻한 집이 있다.

시작도 알 수 없고 끝도 보이지 않는 그 집을 여행하며 나는 한 생을 살고 있다. 여행은 세상을 보고자 하는 불꽃같은 동경이라고 프로이트가 말했다지만, 진정한 여행은 자기 내면에 따뜻한 시간의 집을 짓는 것이라고 생각한다. 세상의 어느 아빠든지 자기 아이와 만든 따뜻한 시간의 집이 있다. 함박눈이 펑펑 내리는 날 장작불을 지펴 군고구마를 만들어 팔던 방한모 쓴 아저씨와 김장철이면 시장에서 산더미 같이 쌓인 배추를 팔던 아저씨, 새까만 지게에 연탄을 지고 골목길을 누비던 육손이 딸이 있는 아저씨와 고드름 달린 어느 집 처마 밑을 지나며 "찹쌀떡! 메밀묵!"을 외치던 전라도에서 올라온 목구성 좋은 아저씨도, 자기 아이들과 함께 지은 따뜻한 시간의 집이 있다. 어릴 적 동네 골목길과 시장에서 보았던 그 아저씨들은 가난했지만 그래도 인정이 많아 보였다. 한 집에 아이들이 6남매씩 되는 집도 많았던 시절이었건만 어린 내 눈에도 시장통 아저씨들은 식구들에게 밥을 굶기지 않기 위해 새벽부터 밤늦은 시간까지 일하는 게 보였다. 그렇게 식구들을 위해 앞만 보고 일만 했던 아빠들은 지금 어디서 무얼 하고 계실까?

서른 즈음의 딸아이와 팔짱을 끼고 추석 연휴에 덕수궁 나들이를 했다. 어느 가족에게나, 어느 아빠에게나, 이런 추억이 한 둘쯤 있겠지만 아주 오래전에도 어린 딸을 무동 태우고 덕수궁에 놀러 온 적이 있다. 그날 찍어 둔 빛바랜 사진만이 아름답고 따뜻했던 시간을 증언한다. 딸과 나는 빛바랜 사진에서 시간의 실타래를 풀어가며 이야기를 했다. 단청을 하지 않은 2층 전각인 석어당 앞에서 딸아이가 수수한 미소를 짓는 사진을 찍어주고, 석조전 장중한 기둥 앞에서는 유럽의 궁전에라도 온 양 함께 셀카도 찍었다. 사노라면 이런 나들이가 쉬울 것 같으면서 쉽지 않다는 것쯤은 경험으로 알기에 우리는 마지막 데이트를 즐기는 연인의 심정으로 발걸음을 옮겼다. 언제 보아도 장대한 모습으로 서 있는 중화전을 둘러보고 월대月臺 앞에서도 우리는 번갈아 포즈를 취하고 지나는 연인에게 사진을 찍어달라고 부탁해 함께 사진도 찍었다. 빛바랜 사진첩 어딘가에도 이곳에서 어린 딸을 안고 찍은 풍경이 있을 것이다. 2층으로 쌓아 중화전을 건축한 월대의 평평한 화강석은 언제 보아도 거대한 뿌리처럼 있는 역사 같았다. 서른 즈음의 딸과 예순 즈음의 아빠는 서로가 고등학교 시절 배운 역사 교과서 내용을 복기하며 덕수궁에 관련된 조선 시대 이야기를 했지만 이럴 땐 아빠가 조금 더 유리하다. 아무래도 아빠 세대는 대걸레 자루를 잘라 만든 몽둥이로 선생님한테 손바닥을 맞는 건 다반사고, 반 성적이 떨어졌을 땐 운동장에서 단체 기합도 받고 빡세게 공부하며 달달 외운 신공을 발휘하기에 그렇다. 아빠는 지금도 초등학교 때 영문도 모른 채 외워야만 했던 〈국민교육헌장〉을 토씨 하나 틀리지 않고 기억하고 있다. 고등학교 영어 시간에 강제로 외웠던 영시 「진달래꽃」을 술술 외우거나, 음악 시간에 독일어로 노래하는 시험을 본 슈베르트의 〈보리수〉 한 자락을 노래하며 은근히 잘난 척을 하기 일쑤다.

땅거미가 내리고 있었다. 늦여름과 초가을 사이로 불어오는 바람은 상쾌했고 파르스름한 불빛에 붉은 노을 걸린 초

저녁 하늘을 보며 우리는 현대미술관 계단에 앉았다. 서양식 근대건축물인 국립현대미술관 덕수궁관은 계단 위의 신전처럼 웅장했다. 기둥 양쪽에 길게 걸린 전시회 플래카드에 환한 불빛이 비춰 계단은 역광처럼 어두워 보였지만 한가하게 앉아 노닥거리다가 서서 사진을 함께 찍기도 했다. 덕수궁의 야경은 어둠과 빛이 조화를 이룬 빛의 궁전, 어둠의 저편에서 온 이야기의 사신 같았다. 나는 딸아이가 아장아장 걷던 그 시절에 함께 덕수궁에 왔었던 외할아버지와 외할머니 이야기도 했다. 시인이지만 백수였던 아빠가 담양에서 올라오신 외할아버지와 외할머니께 덕수궁 구경을 시켜드린 것 말고는 특별히 한 게 없었다는 말을 할 때는 코끝이 다 찡해졌다. 부끄러움과 죄송함이 교차되는 그런 시간들을 필부의 다른 아빠들도 회한처럼 품고 있는지 또 모르지만 돌이켜보면 참 무능력한 아빠였다. 문학이 세상을 구하지도 못하는데 마치 문학이 세상을 구할 것처럼 살았던 1980년대였다. 가족을 잘 건사하지도 못했고 나 자신도 문학으로부터 구원받지 못했으니 아빠의 인생은 실패한 거라고 딸에게 조용히 말했고, 서른 즈음의 아이는 생이란 무엇으로부터 구원받는 게 아니고 그때그때 최선을 다해 살아가는 것이라고 웃으며 말했다. 내 등을 토닥이는 딸아이의 따뜻한 손길에 나도 환하게 웃었다. 전각에서 다른 전각으로 빠져나가는 작은 문을 지나며 잠시 어둠이 웅크린 것을 보고 딸아이는 내 팔을 잡았다.

 에메랄드와 바이올렛 빛 조명이 번갈아 들어오는 분수대 앞에서 사진을 찍으며 그 옛날 이곳을 뛰어다니던 딸아이 이야기를 해주었지만 아이는 기억하질 못했다. 어린 시절 아이를 꾸며주었던 시간들은 온전히 부모만이 간직한 아름다운 흔적이다. 설령 기억 이전, 어느 별에서 신비한 탯줄을 받고 우리에게로 오기까지 아이가 아무것도 기억할 수 없을지라도, 부모는 아이가 빛살 무늬 생명을 받기 이전 빛살부터 아이의 모든 흔적을 기억하고 있다. 덕수궁을 나가기 전에 로마네스크 양식으로 지어진 서양식 건물 정관헌靜觀軒을 보았다. 어둠 속에서 초록빛으로 환한 이 건축물은 덕수궁 후원 언덕에 있어서 조용한 생각을 할 수 있는 공간 같았다. '조용히 바라본다'는 의미를 지닌 정관靜觀이라는 예스러운 이름도 호젓해 좋았다. 우리는 건물 모서리에 서서 마름모꼴로 건축물 사진이 나오게끔 야경을 찍었다. 어찌 보면 딸과 함께 거닌 덕수궁 나들이도 우리들 삶을 조용히 바라보기 위한 여행일 것 같다는 생각이 들었다. 서른 즈음에 아이를 무동 태우고 덕수궁에 왔을 때, 아이가 서른 즈음이 되어 함께 다시 이곳에 올 것이라고 생각하지 못한 것처럼, 삶은 언제나 베일에 가려져 있다. 행복이란 것도 감춰진 보물을 찾는 게 아니라 오늘처럼 시간을 거슬러 딸과 함께 여행도 하고 무엇을 먹을까 행복한 고민을 하는 소소한 것일지 모른다. 세종문화회관 옆에 가봉루嘉鳳樓 라는 오래된 중국집이 있는데 딸아이가 어릴 적 〈인어공주〉나 〈장영주 바이올린 독주회〉 공연을 보고 나면 이 집에 가서 저녁을 먹곤 했었다. 지금도 보란 듯이 그 모진 세월을 광화문 한복판에서 버티고 있는 가봉루에 가서 우리 부녀는 추억을 반찬 삼아 탕수육에 짜장면을 먹을 것이다.

덕수궁은 언제나 그 자리에 있겠지만 살다 보면 다음 역을 향해 쏜살 같이 달려가는 지하철처럼 생은 앞만 보고 달려가기도 벅차다. 하지만 생로병사의 경계를 줄타기하듯 살아가는 인생은 조금 쓸쓸하고 외롭고 고독하겠지만 행복을 찾고 싶을 땐 언제든 딸의 손을 잡고 덕수궁으로 갈 것이다. 누구나, 어떤 아빠나 아이와의 가슴 저미는 추억은 있다. 그곳은 우리 마음 어딘가에 시간이 지은 따뜻한 집이며 섬이다. 마음은 언제나 '그 섬에 가고 싶다.'

찔레꽃 랩소디

 찔레꽃 향기를 처음 맡은 건 서른 즈음에 섬진강에서였다.
 하늘은 푸르고 강물은 해맑은 5월의 어느 날 구례에서 하동으로 이어지는 섬진강 변 19번 국도를 따라가는 데 진한 향기가 바람에 실려 왔다. 그때, 투명한 햇살에 묻어온 찔레꽃 향기는 폐부 깊숙한 곳에 독화살처럼 박혀 지금까지 있으니, 해마다 5월이 오면 내가 산천을 떠도는 이유도 마음에 남은 희미한 꽃 향이 옛사랑의 추억처럼 찔레꽃을 부르기 때문이다.
 우리 동네 뒷산에는 봄마다 찔레꽃이 지천으로 핀다. 흰 눈이 결빙된 나뭇가지마다 새빨간 연정 머금었던 동백꽃이며, 어느 집 채마밭에 핀 수선화, 가지마다 터질 것 같은 공기처럼 피어나는 매화꽃, 앙증맞은 꽃봉오리를 터뜨리는 샛 노란 배추꽃, 조붓한 모습으로 홀로 핀 보랏빛 제비꽃의 단아함, 언제 보아도 마음을 아련한 슬픔으로 물들이는 연분홍 진달래, 낙엽과 솔잎을 뚫고 올라 온 작은 양지꽃의 노랑, 그리고 숲에서도 우아한 빛을 잃는 법 없는 산 목련의 자태, 봄빛을 홀로 다 가져갔는지 눈부시게 빛나는 산벚나무꽃들…… 산에서도 찔레꽃은 이런 꽃들이 다 피고 진 뒤에 무리 지어 핀다. 깊어가는 봄빛에 많은 꽃들이 스러진 뒤 약간의 쓸쓸함 깃들 무렵 진한 향기를 숲에 진동시키며 피는 찔레꽃은 봄이 절정에 이르러, 봄이 질 것 같은 예감에 찬란한 허무의 빛깔을 숨기고 있다.

  남녘으로 온 지 십 년 되도록 해마다 봄이면 숲으로 가서 꽃의 순례에 나선다. 꽃들을 볼 때마다 신비한 것은 자기가 꽃이 될 때를 정확히 알고 피어난다는 것이다. 폭설과 지상을 얼어붙게 하는 영하의 혹한 속에서도 씨앗과 뿌리는 생명을 보존하여 어느 순간 꽃을 피우게 한다. 나는 꽃들을 볼 때마다 아름다움이란 어느 순간 태어나는 것으로 생각하고 있다. 지금 하는 일이 잘 될 것인지 실패할지는 아무도 모른다. 전망이 불투명할수록 먹구름이 드리우기도 하지만 그것마저 무슨 일이 생길지 묻지 말고 밀고 나가는 수밖에 없다.

꽃씨들은 땅이 얼어붙는 추위라고 혹한을 탓하지 않고 폭설이 내렸다고 눈을 탓하지 않고 나뭇등걸이 들썩이는 바람이 분다고 바람을 탓하지 않는다. 자연의 조건은 자신이 선택하는 게 아님을 꽃들의 유전자는 알고 있기에 그들은 부단하게 자기 자신과 투쟁하며 살아간다. 꽃들이 말을 할 수 있고 생각을 기록으로 남길 수 있다면 아마도 이런 말을 할지 모른다.

"봄이 오면 꽃들은 저절로 꽃을 피운다고? '저절로'란 말은 우주에 없어. 개화開花란 쉬운 게 아니거든. 꽃을 피우려면 생명을 걸어야 생명을 꽃 피울 수 있어. 꽃들은 개화를 위하여 자기의 전부를 걸어. 밤이면 별빛을 모으고 달빛도 품으며 우주의 기운을 느끼지. 보이지 않을 뿐이야. 보이지 않는다고 우주의 빛이 존재하지 않는 건 아니잖아. 씨앗들이 꽃으로 변신하기 위해선 몽상 속의 고독과 그리움 속의 외로움마저도 에너지로 쓸 줄 아는 지혜가 필요하거든!"

꽃의 순례! 그 말은 생의 순례! 이기도 하다. 봄이 오면 숲으로 꽃의 순례에 나서는 것은 내가 걸어가야 할 길의 생애가 눈부시게 남아있기 때문이다. 순례길에서 만난 봄에 핀 꽃들을 보면 살그머니 꽃잎을 만지며 인사한다.

"안녕, 제비꽃! 안녕 배추꽃! 안녕 진달래꽃!…… 그리고 안녕 찔레꽃! 지난겨울 참 애 많이 썼다. 정-말 반가워! 나도 네가 얼마나 그리웠는지!" 꽃잎들을 만지면 그 보드라운 살결만큼 고혹적인 게 또 어디 있을까 할 만큼 감촉이 느껴진다. 땅속에서부터 우주의 온 기운을 받고 나온 생명이니 이 봄 내게도 약동하는 환희의 전율을 전해준다.